保育園
幼稚園
こども園
の
設計手法

仲綾子・藤田大輔　編著

学芸出版社

まえがき

　本書は、保育園・幼稚園・こども園の設計に携わる方々を対象として、建築計画を解説したうえで、優れた設計事例を提示するものである。特に、これまであまりこれらの施設を設計した経験がない方にも有用な知見をわかりやすく伝えることを心がけた。

　従来、保育園や幼稚園の設計は、専門性が高いものとして、この分野に造詣が深く、経験を積んだ設計者が手がけることが少なくなかった。現在もそのような傾向はみられるものの、子どもの施設の設計経験がない設計者や、設計経験そのものが少ない若手設計者が保育園・幼稚園・こども園を設計する機会が増えつつある。このような設計者にとって、基本事項をまとめた資料として手元において参照していただける書籍を目指した。

　少子化や核家族化が進み、働き方が多様化するなかで、保育園・幼稚園・こども園をとりまく制度や状況は、近年大きく変化し続けている。これらの施設はそれぞれ管轄が異なるため、なおさら全体像を把握しにくい。だからこそ、本書では設計にあたり最低限必要と思われる法的整備の要点や施設整備の現状を整理し、提示するよう努めた。また、保育園・幼稚園・こども園に関する研究は、都市計画、建築計画、環境計画等の各分野において優れた成果が蓄積されているが、これらの知見を個々の論文や記事等から取り集めて設計に反映することは、現実的には難しい。そこで、広範な分野の専門的な知見を一冊の書籍で総覧できるようとりまとめた。

　このような方針に従って、本書は以下の構成で編まれている。
　第1章「設計に関わる保育の基本」では、社会背景や各種基準を整理したうえで、設計の前提として理解しておきたいさまざまな保育方針のあり方、園での生活、園児の身体寸法といった基本的事項を説明している。さらに、具体的な建築計画の解説へ進む前に、保育学の視点からみると、どのような環境が望ましいとされるか、保育環境研究者から具体的に指摘していただいている。

　第2章「建築計画の基本」では、設計業務の流れを押さえたうえで、立地、配置、保育空間、各室空間、コーナー、園庭、遊具、音環境、温熱環境、照明、サイン、家具の各計画を解説している。それぞれの分野の第一人者が、研究成果や実務経験にもとづき、基本的な考え方を示したうえで、写真や図、実例を用いて設計実務に役立つ手法を提示している。

　第3章「設計事例」では、12の事例を立地（郊外／都心部）と条件（新築／改修／増築／増設／移転／コンバージョン）に着目してとりあげた。これらは、園の種別（保育園／幼稚園／こども園）が大きく偏らないよう配慮して選定している。立地と条件に着目する理由は以下のとおりである。

　自然との関わりや身体を動かす機会が園児にとって重要であることは自明だが、必ずしもすべての園が豊かな自然環境や広大な敷地に立地しているわけではない。特に、都心部においては、ビル内に設けられた園をしばしば見かける。一見、保育環境としては厳しいが、限られた条件のなかで試行錯誤し、置かれた状況で園児ができる限り自然に親しみ、身体を動かすことができるような、意欲的な設計と取組みがみられた。理想と現実のあいだで奮闘するこうした試みは、今後の保育園・幼稚園・こども園のデザインを考えるうえで示唆に富む事例となるだろう。

また、法制度の改正や社会の要請に対応するため、改修等を行う保育園・幼稚園・こども園も少なくない。古い園舎で紡がれた物語を新しい園舎でさらに展開していく試みは、スクラップアンドビルドから脱却し、持続可能な社会を目指す現代において学ぶべき点が多い。このような観点から、豊かな自然環境に立地する施設や新築の施設だけでなく、都心部に立地する施設や改修、増築、移転、コンバージョンを行う施設もまた、学ぶべき点が多い優れた先進事例として本書に掲載している。

　12の事例を訪れたとき、園児がのびのびと園舎や園庭を駆け回る姿や小さな空間にひとり静かに佇む姿に惹きつけられ、時を忘れて見入ってしまった。このような生き生きとした園児の姿は偶然生まれたものではない。それは図面を読み解くと理解できる。例えば、園児の好奇心を刺激して行動を促すように立体的な回遊動線を計画していたり、晴天時はもちろん、雨天時や炎天下でも外遊びができる軒下空間を設けていたり、園児の遊びが屋内で完結せず屋外にも展開しやすいようにテラスを設置していたり、活動の特性に合わせてふさわしい空間を選べるように変化に富んだ天井高を設定していたり、園児の身体寸法にぴったりと合うような段差を設けていたり、枚挙にいとまない。さらに、安全性に十分配慮した建具の納まりや、柔らかくあたたかい素材を用いた家具など、すみずみまで丁寧に考えて設計されていることがわかる。これらの事例はどれも保育方針と基本的な計画手法を踏まえつつ、既成の枠組みにとらわれずに新たな可能性を拓いているものばかりだ。今後の保育園・幼稚園・こども園のデザインに大きな示唆を与えるものとして、ぜひ参照していただきたい。

　なお、本書では、原則的に保育園・幼稚園・こども園という用語を採用している。法的には、保育園は「保育所」、こども園は「認定こども園」と表記すべきだが、ここでは伝わりやすさを重視し、一般的な呼び名を用いることとした。但し、法令に関連して言及する際には正式な名称を使用している。

　企画当初は、本書を保育園・幼稚園・こども園の設計に関する入門書と位置づけていたが、最終的には初学者だけでなく、すでに豊富な設計経験がある方にも新たな気づきや学びのある内容となったといえるだろう。ひとえに、執筆者一人ひとりが研究成果や実務経験に基づき、最先端の知見や知恵を惜しみなく開示してくださったからにほかならない。執筆者のみなさまに改めて謝意を表したい。また、学芸出版社の井口夏実さんなくして本書は生まれなかった。中井希衣子さんには丁寧な確認作業をしていただいた。記して敬意を表したい。

　最後に、本書のために保育環境に関するデータを収集・分析し、保育園・幼稚園・こども園を訪れ、執筆者から届く原稿や図面を読み解き、構成を練り直して検討を重ねることは、このうえなく幸せな仕事だったと感謝を込めて記しておきたい。言うまでもなく、すばらしい建築空間を体験し、示唆に富む知見に学ぶことは喜びにつながるが、未来をつくる仕事に携わっているという実感によるところが大きい。この喜びを読者の方々と共有できることを願っている。

2019年7月
仲　綾子

目次

まえがき　　2

1　設計に関わる保育の基本　　7

- 01　保育園・幼稚園・こども園をめぐる　**社会背景**　8
- 02　保育園・幼稚園・こども園をめぐる　**各種基準**　10
- 03　保育の現場と設計①　**多様な保育方針**　13
- 04　保育の現場と設計②　**子どもたちの1日の過ごし方**　14
- 05　保育の現場と設計③　**遊びの展開**　15
- 06　保育の現場と設計④　**乳幼児の身体寸法**　16
- 07　保育環境研究者の視点　**豊かな遊びが広がる環境とは**　17

2　建築計画の基本　　19

- 01　設計業務の流れ　20
- 02　立地に応じた敷地外の保育環境　21
- 03　配置計画　23
- 04　保育活動と保育空間の計画　25
- 05　各室空間計画　28
- 06　コーナー計画　30
- 07　園庭の計画　31
- 08　遊具の計画　33
- 09　音環境の計画　35
- 10　温熱環境の計画　36
- 11　照明計画　37
- 12　サイン計画　38
- 13　家具計画　39

3　設計事例──立地・条件別　　41

郊外

みどりの保育園──異年齢コミュニケーションを叶えるプランニング　42
石原健也＋デネフェス計画研究所

富士文化幼稚園──軒下空間に繰り広げられる無数の活動　50
手塚建築研究所

育良保育園──段丘地形を模した、居場所を開拓する保育園　58
松島潤平建築設計事務所＋桂建築設計事務所

本宮のもり幼保園──園舎・園庭をまわり巡る平面構成　66
谷重義行建築像景

狭山ひかり幼稚園──多様な教室をもち、全体が遊び場になる園舎　74
アタカケンタロウ建築計画事務所

改修・増築
認定こども園さざなみの森──時代に合わせて変化を続ける、里山の環境と一体となったこども園　82
竹原義二／無有建築工房

増設
ささべ認定こども園──0〜2歳が移動しながら過ごせる保育環境　90
atelier-fos一級建築士事務所＋福井工業大学藤田大輔研究室

移転
川和保育園──既存園の構成を踏襲しつつ新たな豊かさを生み出す　98
井出敦史（sum design）＋加藤克彦（テンジンスタジオ）

都心部

小梅保育園──垂直に重ねた保育室にはテラスから風と光が入ってくる　106
象設計集団

まちの保育園 六本木──本園と分園に分かれた都心ビル内の保育環境　114
Interstudio＋ミライズ

レイモンド元住吉保育園──都会の中でのびのび走り回る子どもたち　122
バハティ一級建築士事務所

コンバージョン
グローバルキッズ飯田橋園──用途変更を経て様々な遊び場がつくりだされた屋内空間　130
グローバルキッズ飯田橋こども園──ビルインのハードルを越え、子育て世代の地域拠点へ　134
石嶋設計室＋のみぞ計画室

付録：3章掲載事例一覧　138

あとがき　142

設計者プロフィール　143

1章 設計に関わる保育の基本

1-01 保育園・幼稚園・こども園をめぐる社会背景

仲綾子
東洋大学福祉社会デザイン学部人間環境デザイン学科 教授

● 保育園・幼稚園・こども園をとりまく変化

幼児教育や保育に関わる施設をとりまく状況は、近年、著しく変化している。従来の幼稚園、保育園に加え、こども園が整備され、小規模保育等の多様な取組みがみられるとともに、幼稚園、保育園の位置づけも見直されている。その背景には、少子化、共働き世帯の増加、保育ニーズの多様化等がある。このような状況のなか、保育園・幼稚園・こども園は、共通する新たな設計課題に直面している。例えば、標準的な幼児教育や保育時間に預かり保育や延長保育が加わるなかで、園児一人ひとりに配慮した環境をつくりだす試みなどがある。本節では施設整備と法的整備の歴史的経緯を踏まえて現状を正確に把握したうえで、次節にて各種の基準を整理し、今後の設計課題を展望する。

● 施設整備と法的整備の変遷

施設整備と法的整備の変遷を整理して図1に示す。幼稚園と保育園は明治時代に整備され始めた。幼稚園が保育園に先行し、日本における最初の幼稚園として、東京女子師範学校（現：お茶の水女子大学）附属幼稚園（1876）が設置された。これは海外の幼児教育を導入するもので、富裕層の子女が通っていた[1]。一方、保育園は明治初期より農村部における農繁期託児所や都市部における工場内託児所があり、古くは鳥取県の下味野子供預かり所（1890）の記録がある[2]。また、乳幼児の子守をする子女に教育の機会を提供する新潟静修学校に附設託児所（1890）が設けられたのもこの時期である。これらは、働く親や働く子どもの代わりに乳幼児を預かることを目的としていた[2]。

法的整備についてみると、幼稚園は教育令（1879）で制度化され、幼稚園令（1926）で小学校とは異なる独自の地位を得た後、学校教育法（1947）において学校教育機関として位置づけられた。一方、保育園は社会事業法（1938）で託児所が法的に位置づけられ、児童福祉法（1947）により託児所は「保育所」という名称に統一された。以降、現在まで、幼稚園は学校、保育園は児童福祉施設と法的に位置づけられる根拠となっている。

● 幼保一元化をめぐる動き

幼稚園と保育園の並立は、教育の機会均等に反するものとして、大正末年頃、つまり幼稚園令制定の頃から、幼保一元化が主張されてきたが[3]、議論が本格化するのは、少子化が深刻な課題となる1990年代以降である。その背景には、前述の教育の機会均等の考え方に加えて、保育園の待機児童解消、共働き家庭等における幼児教育のニーズの

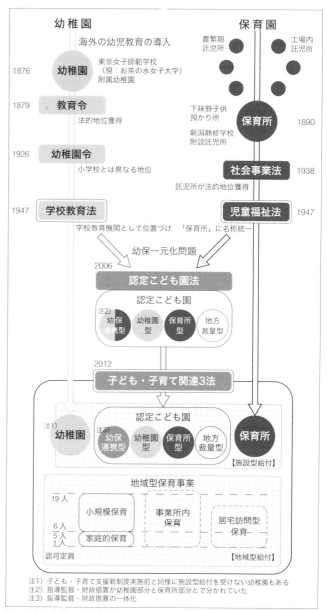

図1 施設整備・法的整備の変遷

高まり等があった[1]。

このような議論を踏まえ、総合施設モデル事業を経て、2006年に認定こども園法（就学前の子どもに関する教育、保育等の総合的な提供の推進に関する法律）が制定され、幼保連携型（幼稚園と保育所の両方の機能をもつ施設）、幼稚園型（認可幼稚園に保育所の機能を付加する施設）、保育所型（認可保育所に幼稚園の機能を付加する施設）、地方裁量型（いずれの認可もない地域の教育・保育施設）の4タイプの認定こども園が整備された。しかし、これらのうち特に幼保連携型認定こども園は、指導監督や財政措置が幼稚園部分と保育園部分とで分かれており、制度として煩雑という批判があった。そこで、2012年の子ども・子育て関連3法（子ども・子育て支援法、認定こども園法の改正、関連法）により財政措置等の一本化が図られた。併せて、多様できめ細やかな保育に対応する地域型保育事業として、小規模保育事業（認可定員6〜19人）、家庭的保育事業（認可定員1〜5人）、事業所内保育事業（事業所の従業員の子ども等を対象）、居宅訪問型保育事業（保育を必要とする子どもの居宅にて実施）が定められた。

● 施設数の推移

　施設整備・法的整備の変遷を踏まえ、施設数の推移を概観するため、政府統計を総合して図2に示す注1)。施設数は、1950年頃より幼稚園、保育園とも増加傾向を示すが、特に保育園は、戦後、働く女性の増大に伴う保育園づくり要求運動が全国的に盛り上がり4)、急速に増加する。その後、1980年代には量的な施設整備は完了したとみなされたこともあり5)、2000年頃までは幼稚園、保育園とも緩やかな減少傾向を示しながら、おおむね幼稚園数4割、保育園数6割で推移する。2000年頃以降、多様化する保育ニーズに対応する子育て支援策が推進され、幼稚園は減少の割合が高まり、一方、保育園は増加傾向に転じる。

　また、認定こども園法（2006）以降、認定こども園が整備されるが、2007年は105園（全体の0.3％）と少なく、漸次増加する。その後、子ども・子育て支援新制度（2015）により、特に幼保連携型認定こども園が急激に増加し、併せて特定地域型保育事業が著しい増加傾向を示している。

● 園児数の推移

　園児数の推移を図3に示す。1950年頃は幼稚園、保育園ともほぼ同数だが、その後、幼稚園の園児数の増加が著しく、保育園の園児数を上回る。その理由として、専業主婦家庭という日本型の近代家族モデルが浸透したこと等が挙げられる。園児数がピークとなる1980年前後は、幼稚園の園児は約250万人、保育園の園児は約200万人である。この時期の幼稚園1園あたりの園児数の変化をみると、約100人／園から約170人／園へと急増している。一方、保育園は約80人／園から約90人／園への増加である。その後、少子化の影響もあり、幼稚園、保育園とも園児数は減少傾向を示す。しかし、多様な保育ニーズに応える子育て支援策により、保育園の園児数が増加し、2000年に幼稚園の園児数を上回る。その後も保育園の園児数の増加傾向、幼稚園の園児数の減少傾向は続くが、子ども・子育て支援新制度（2015）以降、特に幼保連携型認定こども園の園児数の増加が著しく、保育園の園児数は減少傾向を示し始めている。

● 保育園・幼稚園・こども園等の現在

　保育園、幼稚園、こども園をとりまく現在の状況はどのようになっているのだろうか。図4に2018年の施設数と園児数を示し、現況を概観する。

　施設数は、幼稚園が2割強、保育園が約5割、こども園や特定地域型保育事業は各々1割強を占める。つまり、幼稚園を基準とすると、保育園は2倍、こども園や特定地域型保育事業は1／2程度である。

　園児数も施設数と同様の傾向を示すが、幼稚園の割合がやや高くなり、幼稚園が約3割、保育園が約5割、こども園は約2割、特定地域型保育事業は、施設数（事業数）は多いものの、小規模な事例が多いため、園児数は数％にとどまる。

● これからの保育施設の動向

　以上のように、幼児教育や保育に関わる施設をとりまく状況の変化は著しい。統計データにもとづき今後を展望す

図2　施設数の推移（＊注1に示す各種政府統計データをもとに作成）

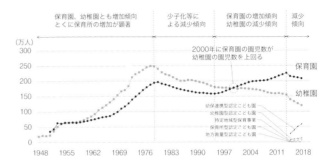

図3　園児数の推移（＊注1に示す各種政府統計データをもとに作成）

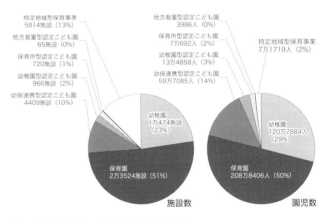

図4　現在（2018）の施設数と園児数の割合
（＊注1に示す各種政府統計データをもとに作成）

ると、保育園と幼稚園は漸次減少し、こども園は増加すると予測されるが、依然として保育園と幼稚園が占める割合は大きいだろう。今後、幼児教育・保育無償化等により、予測できないさらに大きな変化が生じる可能性もある。このような状況において施設を設計するにあたり、その歴史的経緯を理解することは、目先の変化にとらわれずに、その背景を踏まえて未来を展望する視点を獲得するという点で有用と考える。

注1) 施設数及び園児数は、文部科学省の「学校基本調査」、厚生労働省の「社会福祉統計年報」「社会福祉施設調査報告」「社会福祉行政業務報告」「保育所等関連状況取りまとめ」、内閣府の「認定こども園に関する状況について」、厚生労働省の「地域型保育事業の件数について」にもとづき図を作成した。このように幼稚園、保育園、こども園等のデータを総合して提示することは、全体像を把握するうえで不可欠と言えるが、現状では管轄ごとにデータが管理されており、一覧できない。これは幼保一元化を目指すうえで、解決すべき課題の1つと言える。なお、図2～4内の特定地域型保育事業は、地域型保育事業のうち、市町村長が地域型保育給付費の支給を行う事業をいう。統計データは、特定地域型保育事業が公表されているが、地域型保育事業の動向と大きな齟齬はないと考える。

[参考文献]
1) 森上史朗・小林紀子・若月芳浩『保育原理　第3版』ミネルヴァ書房、2015
2) 吉田直哉『再訂版 保育原理の新基準』三恵社、2018
3) 日本保育学会編『わが国における保育の課題と展望』世界文化社、1997
4) 水野浩志・加藤隆子『改訂新版 新幼児教育概論』ブレーン出版、2000
5) 元木久男・山西裕美「家族変動と保育改革の動向」『九州保健福祉大学研究紀要』第10号、2009、pp.99-110

1-02 保育園・幼稚園・こども園をめぐる 各種基準

仲 綾子
東洋大学福祉社会デザイン学部人間環境デザイン学科 教授

● 保育園・幼稚園・こども園に関わる各種の基準

根拠法令となる学校教育法（幼稚園）、児童福祉法（保育園）、認定こども園法（こども園）のほかに、設計者が知っておくべき各種の基準がある。これらを、教育・保育内容に関わる基準、施設整備に関わる基準、そのほかの指針に分けて整理して表1に示す。さらに、その変遷を図1に示す。

● 幼稚園教育要領と保育所保育指針

教育・保育内容に関わる基準は、施設計画を直接的に規定するものではないが、その概要を理解しておくことは、設計に有用な示唆を与えてくれる。

日本における最初の国家基準は幼稚園保育及設備規程（1899）である[1]。ここで初めて幼稚園の保育内容や設備のあり方が示された。その後、幼稚園だけでなく保育園も含めた手引書として、保育要領（1948）が作成された。

幼稚園における教育内容の基準を示す幼稚園教育要領（1956）では、小学校教育と関連づけられた6領域（健康、社会、自然、言語、音楽リズム、絵画製作）が示され、保育園における保育内容の基準を示す保育所保育指針（1965）では、幼稚園の教育内容と関連をもって6領域（健康、社会、言語、自然、音楽、造形）に編成された。

以降、数次に渡る改訂のなかで建築という視点から注目すべきは、25年ぶりに改訂された幼稚園教育要領（1989）である。「幼児期の教育は（中略）環境を通して行うものであることを基本とする」と明記されるとともに、小学校教育とは異なる幼稚園特有の観点から5領域（健康、人間関係、環境、言葉、表現）が示された。併せて、保育所保育指針（1990）も改訂され、保育園の独自性を明確にしつつ、幼稚園教育要領との整合性が図られた。その後も改訂が重ねられ、近年ではほぼ10年ごとに改訂されている。

● 幼保連携型認定こども園教育・保育要領

幼保連携型認定こども園の教育・保育の基準として、幼保連携型認定こども園教育・保育要領が2014年に定められた。これは、おおむね幼稚園教育要領と保育所保育指針に準じるものであるが、教育と保育の一体化等、こども園特有の配慮すべき事項についても記載されている。

● 3法令の同時改訂による「幼児教育」と「保育」の両立

幼稚園教育要領、保育所保育指針、幼保連携型認定こども園教育・保育要領の3法令が2017年に初めて同時に改訂された。これにより、保育園、幼稚園、こども園は共通して幼児教育を行う施設として位置づけられ、幼稚園はもちろん、保育園もこども園も1日4時間の教育標準時間を

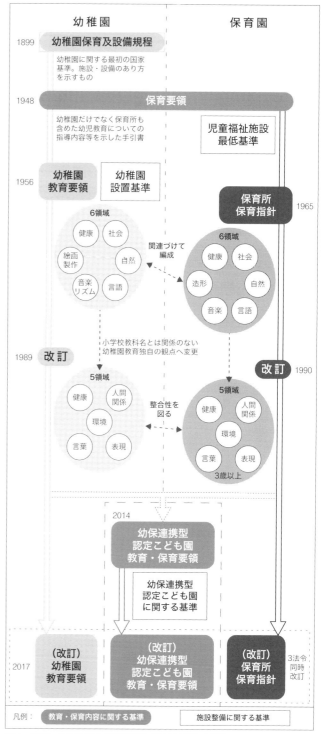

表1 各種の基準

	幼稚園	保育所	幼保連携型認定こども園
根拠法令	学校教育法	児童福祉法	認定こども園法[注1]
教育保育内容	幼稚園教育要領	保育所保育指針	幼保連携型認定こども園教育・保育要領
施設整備	幼稚園設置基準	児童福祉施設最低基準[注2]	幼保連携型認定こども園に関する基準[注3]
指針など	幼稚園施設整備指針	—	—

注1）就学前の子どもに関する教育、保育等の総合的な提供の推進に関する法律
注2）児童福祉施設の設備及び運営に関する基準
注3）幼保連携型認定こども園の学級の編制、職員、設備及び運営に関する基準

図1 教育・保育内容と施設整備に関する基準の変遷

設けることとなった[2]。一方、幼稚園での預かり保育の実施が増加していることを踏まえると、保育園、幼稚園、こども園は、全て「幼児教育」と「保育」の機能を併せ持つようになったといえる。

● 施設整備に関わる基準

施設整備に関わる以下の基準は、設計者が遵守すべき最低基準として定められている。

幼稚園に対する基準は幼稚園設置基準（1956）が文部省令として、保育園に対する基準は児童福祉施設最低基準（児童福祉施設の設備及び運営に関する基準）（1948）が厚生省令として公布された。こども園に対する基準は幼保連携型認定こども園の学級の編制、職員、設備及び運営に関する基準（2014）が内閣府・文部科学省・厚生労働省令として定められ、幼稚園と保育園の基準の内容が異なる事項は高い水準を引き継ぐ方針として示された。

幼稚園、保育所、幼保連携型認定こども園に対する基準の一覧表を次頁の表3にまとめて記載した。なお、これら以外にも、自治体によって独自の基準や緩和措置が定められている場合があるので、必ず確認されたい。

● 今後の設計課題と整備指針

保育園、幼稚園、こども園は、いずれも幼児教育と保育の両機能をもつと位置づけられ、これらの施設の差異は小さくなりつつある。これは、それぞれの園において、幼児教育に加えて、預かり保育や延長保育等により滞在時間が異なる園児が存在し、一人ひとりが多様な幼児教育と保育を受けることを意味する。

したがって今後の設計課題としては、各園児の様々な状況に配慮した空間をつくりだすことが求められる。例えば、遅くまで滞在する園児の保育を妨げないよう早く帰る園児の保育室を玄関に近い方に配置する、その日の教育内容をそのまま翌日まで保存しておくため、遅くまで滞在する園児用の別室を設ける等の工夫がみられる[3]が、今後さらなる検討が期待される。端的に言えば、滞在時間の異なる園児が各々の幼児教育や保育を受けるためにふさわしい空間をデザインすることが今後の重要な課題となり、これは新たな建築の可能性を切り拓く機会の1つになるだろう。

最後に、国が定める最低基準とは別に文部科学省が示す幼稚園施設整備指針[4]を紹介する。本指針は1993年に初めて作成され、それ以降、時代の要請に対応するために、研究者や建築家による議論をもとに約2年おきに最新の研究・設計の成果を反映して改訂されている。幼稚園だけでなく保育園やこども園の設計にも共通する有用な知見が具体的に記載されているため、一部を抜粋して表2に示すが、設計にあたっては全項目を参照されたい。

[参考文献]
1) 水野浩志編・加藤隆子『改訂新版 新幼児教育概論』ブレーン出版、2000
2) 無藤隆『3法令改訂（定）の要点とこれからの保育』チャイルド本社、2017
3) 宮本文人・稲村友子・仲綾子・長瀬有紀子「幼保連携施設における多様な連携形態と保育室の配置」『日本建築学会計画系論文集』第679号、2012、pp.2035-2042
4) 文部科学省大臣官房文教施設企画部「幼稚園施設整備指針」2018

表2 幼稚園施設整備指針（2018年版）の概要（抜粋のうえ筆者作成）

第1章 総則
・幼児の自発的な遊びを引き出すような環境づくりを行うことが重要
・障害のある幼児にも配慮し、安全性を備えた環境を形成することが重要

第2章 施設計画
・園舎、園庭、半屋外空間等の各施設は、空間的な連続性や回遊性に配慮し、一体的に活用できる配置とすることが重要
・幼稚園と保育所等との複合化を計画する場合は、利用動線や交流の場について考慮し、計画することが重要

第3章 園舎計画	
第1	基本的事項
	・吹き抜け等、互いの様子を見ることができるよう計画することも有効
	・家具は、各室と一体的に計画し、幼児の人体寸法に留意することが重要
第2	保育空間
	1 保育室：日照、採光、換気、通風、音響等に十分配慮して計画することが重要。様々なコーナーを形成できる面積、形状とすることが重要
	2 遊戯室：保育室との連携や降雨時の利用を検討し、計画することが重要。発表、交流等に必要な照明等を適切に設置できる空間を確保することが重要
	3 図書スペース：専用室又はコーナー等を活用した読書のための小空間を計画することが重要。床に畳やカーペット等を採用することも有効
	4 教材・器具庫：種類、数量等に応じた必要な規模を確保するとともに、適切な運搬経路を確保できる位置に計画することが重要
	5 ホール、ラウンジ等：保育室、遊戯室等から利用しやすい位置に、中庭、テラス等との空間的連続性を考慮して計画することが望ましい
	6 食事のための空間：食事ができるテラス等半屋外空間を一体的に計画することも有効。近接して調理室を配置し、内部の様子を観察できるようにすることも有効
	7 半屋外空間：幼児の主体的な活動を促す空間として、園舎周りの半屋外空間を積極的に計画することが望ましい
第3	共通空間
	1 昇降口、玄関等：上履きと下履きの動線が交差することなく、園舎等の周囲を迂回せず園庭へ出やすい位置に計画することが重要
	2 廊下、階段等：安全性の確保に留意しつつ、幼児等が多様な活動、交流を展開する場としても活用できるように計画することが望ましい
	3 便所：採光、通風に留意する。幼児の利用する便所とは別に、教職員等の便所を、管理空間の適切な位置に男女別に計画することが重要
	4 水飲み、手洗い等：保育室、食事のための空間、運動スペースの付近など園内の必要な場所に分散して計画することが重要
第4	家庭・地域連携空間
	（預かり保育室、子育て支援室、PTA室等について記載）
第5	管理空間
	（職員室、園長室・応接室、会議室、保健室、受付、更衣室・休憩室、調理室、その他の管理諸室について記載）

第4章 園庭計画	
第1	基本的事項：津波等災害時の緊急避難場所への避難路は、車いすの利用者等の利用も踏まえ、スロープとすることが望ましい
第2	運動スペース：変化に富み、遊びながら様々な活動を体験できる空間として計画・設計することが重要
第3	遊具：固定遊具等は、発達段階等に応じて必要かつ適切な種類、数、規模、設置位置等を検討することが重要
第4	砂遊び場、水遊び場その他の屋外教育施設：適当な面積、形状、砂質等の砂遊び場を確保することが重要。小川や池、可動式の水遊び場を計画することも有効。ビオトープ、ステージ等を設置することも有効
第5	緑化スペース：植栽、草花などの緑化スペースが教材としても活用されるよう園地全体に取り入れることが重要
第6	門、囲障等：必要に応じ、通園バスの駐車場や乗降場所、自転車やベビーカー等を置くための場所を計画することが重要

第5章 詳細設計
（基本的事項、内部仕上げ、開口部、外部仕上げ、家具・遊具、その他について記載）

第6章 構造設計
（基本的事項、上部構造、基礎、既存施設の耐震化推進、その他について記載）

第7章 設備設計
（基本的事項、照明設備、電力設備、情報通信設備、給排水設備、空気調和設備、防災等設備について記載）

第8章 防犯計画
（基本的事項、敷地境界及び敷地内部の防犯対策、建物の防犯対策、防犯監視システムの導入、通報システムの導入、その他について記載）

表3 幼稚園、保育所、幼保連携型認定こども園の施設整備に関わる法的規制

	幼稚園	保育所	幼保連携型認定こども園
管轄	文部科学省	厚生労働省	内閣府
根拠法令	学校教育法	児童福祉法	就学前の子どもに関する教育、保育等の総合的な提供の推進に関する法律（略称：認定こども園法）
保育内容の指針	幼稚園教育要領	保育所保育指針	幼保連携型認定こども園教育・保育要領
施設整備の基準	学校教育法施行規則、幼稚園設置基準	児童福祉施設最低基準	幼保連携型認定こども園の学級の編制、職員、設備及び運営に関する基準
法的位置づけ	学校	児童福祉施設	学校かつ児童福祉施設
対象	・満3歳から小学校就学の始期に達するまでの幼児[1]	・保育を必要とする乳児・幼児[5]	・満3歳以上の子ども[6] ・保育を必要とする乳児・幼児[6]
教育／保育時間	・標準4時間[2] ・預かり保育を行う場合あり	・原則8時間 ・延長保育を行う場合あり	・教育時間：標準4時間 ・保育時間：原則8時間（教育時間を含む）
最低定員	―	20人以上[5]	20人以上[7]
学級編成	1学級35人以下	―	1学級35人以下
園舎	・2階建て以下が原則（特別の事情がある場合は3階建て以下可） ・1学級：180㎡ 以上 ・2学級以上：320+100×(学級数-2)㎡ 以上	【0、1歳児】 ・乳児室：1.65㎡×乳児・幼児数 以上 ・ほふく室：3.3㎡×乳児・幼児数 以上 【2歳児以上】 ・保育室または遊戯室：1.98㎡×幼児数 以上	・2階建て以下が原則（特別の事情がある場合は3階建て以下可） ・①と②の合算面積以上 　①1学級：180㎡ 以上 　　2学級以上：320+100 (学級数-2) ㎡ 以上 　②【0、1歳児】 　　・乳児室：1.65㎡×ほふくしない園児数 以上 　　・ほふく室：3.3㎡×ほふくする園児数 以上 　　【2歳児】 　　・保育室または遊戯室：1.98㎡×園児数 以上
運動場／屋外遊戯場／園庭	・園舎および運動場は同一の敷地内または隣接を原則 ・2学級以下：330+30×（学級数-1）㎡ ・3学級以上：400+00×（学級数-3）㎡	【2歳児以上】 ・3.3㎡×幼児数 以上	・園舎および園庭は同一の敷地内または隣接を原則 ・①と②の合算面積以上 　①下記の（1）と（2）のうちいずれか大きい面積 　　(1-1) 2学級以下：330+30×(学級数-1)㎡ 　　(1-2) 3学級以上：400+80×(学級数-3)㎡ 　　(2) 3.3㎡×3歳児以上園児数 　②3.3㎡×2歳児園児数
必要諸室	以下を備えなければならない 1. 職員室（保健室と兼用可） 2. 保育室（遊戯室と兼用可） 3. 遊戯室（保育室と兼用可） 4. 保健室（職員室と兼用可） 5. 便所 6. 飲料水用設備、手洗用設備、足洗用設備 ・保育室の数は学級数以上	【0、1歳児】 ・乳児室またはほふく室 ・医務室 【2歳児以上】 ・保育室または遊戯室 ・屋外遊戯場（代替場所を含む） 【各年齢共通】 ・調理室（調理機能を有する設備の緩和あり） ・便所	1. 職員室（保健室と兼用可） 2. 乳児室又はほふく室（0、1歳児保育の場合） 3. 保育室（遊戯室と兼用可） 4. 遊戯室（保育室と兼用可） 5. 保健室（職員室と兼用可） 6. 調理室 7. 便所 8. 飲料水用設備、手洗用設備、足洗用設備 ・保育室（3歳児以上のみ）の数は学級数以上
必要諸室設置階	・保育室、遊戯室、便所は1階に設置 ・耐火建築物で条件を備えるものは2階も可	乳児室、ほふく室、保育室または遊戯室は、以下の要件を満たせば2階以上に設置可 ・2階も可：耐火建築物または準耐火建築物等 ・3階以上も可：カーテン等について防災処理が施されていること等	乳児室、ほふく室、保育室、遊戯室または便所は、1階に設置。ただし、以下の要件を満たせば2階以上に設置可 ・2階も可：耐火建築物または準耐火建築物等 ・3階以上も可：カーテン等について防災処理が施されていること等
教諭等の配置	・各学級に教諭等を少なくとも1人は配置	【0歳児】3人につき保育士1人以上 【1、2歳児】6人につき保育士1人以上 【3歳児】20人につき保育士1人以上 【4歳児以上】30人につき保育士1人以上 ・ただし、1つの保育所で2人を下らないこと	・各学級に保育教諭等を少なくとも1人配置 【0歳児】3人につき職員1人以上 【1、2歳児】6人につき職員1人以上 【3歳児】20人につき職員1人以上 【4歳児以上】30人につき職員1人以上 ・ただし、常時2人を下らないこと
教職員	・園長 ・教諭等 ・学校医、学校歯科医、学校薬剤師[3]	・保育士 ・嘱託医 ・調理員（委託する場合は不要）	・園長 ・保育教諭等 ・調理員（委託する場合は不要） ・学校医、学校歯科医、学校薬剤師[3]
教諭等に必要な資格	幼稚園教諭免許状[4]	保育士資格[5]	幼稚園教諭免許状と保育士資格を併有（2012年から5年間の経過措置あり）[6]

特記なき限り、幼稚園は「幼稚園設置基準」、保育所は「児童福祉施設最低基準」、幼保連携型認定こども園は「幼保連携型認定こども園の学級の編制、職員、設備及び運営に関する基準」にもとづき概要を記載。1) 学校教育法、2) 幼稚園教育要領、3) 学校保健安全法、4) 教育職員免許法、5) 児童福祉法、6) 就学前の子どもに関する教育、保育等の総合的な提供の推進に関する法律、7) 内閣府「確認制度について（定員の考え方を中心に）」（https://www8.cao.go.jp/shoushi/shinseido/meeting/kodomo_kosodate/k_8/pdf/s3.pdf）

1-03 保育の現場と設計① 多様な保育方針

稲葉直樹
早稲田大学人間総合研究センター 招聘研究員、
渡辺治建築都市設計事務所

● 保育方針からみた空間づくり

　保育方針の違いによって、例えば一緒に活動する子どもの人数が異なるなど、保育環境への要望は様々である。各保育施設の方針を理解し、それにあった空間づくりを心掛けたい。実際には性格の異なる方針を取り入れて、その園の保育方針とする場合もあるため、それぞれの項目を参考にする必要がある。保育のクラス編成は、子どもの活動場所や活動内容に影響する。保育クラスの編成方法は、年齢を基準とすることが一般的であるが、園児が少ない場合などには0〜1歳児の混合クラスにする場合や、保育理念に基づいて意識的に異年齢児混合クラスを編成する場合もある。2歳もしくは3歳から5歳児までを混合にする縦割り保育を行う場合もある。

● クラス編成に関して（年齢によるクラス編成の違い）

　子どもの年齢を基準にした保育として、同じ年齢の子どもでクラスを編成する年齢別保育と、異なる年齢の子どもでクラスを構成する異年齢（縦割り）保育がある。

1）年齢別保育

　年齢別保育とは、同じ年齢の子どもでクラスを構成し、保育する方法である。この編成ではその年齢で身につけるべき、歯磨きや着替えなどの基本的な生活習慣などを学ぶことができる。また、発達に応じた活動を取り入れることが出来、年齢別に保育目標を立てることが可能である。年齢によって身体的な機能の発達の指針も異なり、求められる身体の動きを提供しやすい空間づくりが可能である。

2）異年齢保育（縦割り保育）

　異年齢保育（縦割り保育）は年齢別保育とは異なり、年齢でクラスを分けるのではなく、様々な年齢の子どもが一緒に過ごす保育である。近年、少子化に伴い異なる年齢の子どもと一緒に遊ぶことが少なくなっているなかで、年下の子どもは年上の子どもを真似る場面が増えるため、学ぶ機会を提供することができる。また、年上の子どもは年下の子どもの面倒を見ながら遊ぶことで責任感が芽生えたり、思いやりの気持ちをもつことができる。異年齢保育では、グループで活動することが多く、その人数規模にあったスペースを作ることが求められる。また、目的別にコーナーが設置される。その場合、自分の所属するクラス以外の部屋にも入りやすいような工夫があると、交流する機会が増える。

● 一斉保育と自由保育による活動と空間の違い

　年齢によるクラス編成に加えて保育の手法として一斉保育と自由保育がある。一斉保育では、一緒に本の読み聞かせを行ったり、歌を歌ったりクラス全員で一斉的に活動する。その一方で、自由保育では、子どもは一人ひとりで活動する。子ども自らが好きなことを選択できる保育である。この自由保育に関連したコーナー保育は活動ごとのコーナーが設置され、子どもはひとりから数人単位で活動し、自らが遊びの環境を選び、自由な方法で遊ぶことができる。

　コーナーの種類は、多種多様な活動を提供するよう、絵本やブロック、お絵かき、ままごとなど、複数のコーナーを設けるのが基本である。コーナーは家具や棚などで仕切りを作ることで、囲われていると感じられる空間を提供し、安心感を得られるようにしている。コーナーをロフトとして設置し、床レベル差を用いてコーナーの独立性を高めている事例もある。

　また、遊びの特性として、遊びに必要な規模、他の場所への展開の有無や、各遊びコーナーの特性、場所の使用イメージ等、活動と空間との組み合わせを総合的に吟味してコーナーの設え方を決めていく。

● 多様な保育方針―シュタイナー／モンテッソーリ教育

　シュタイナー教育とは、「一切の偏見から自己を解放することができる、自由な人間を育てる場所でなければならない」というルドルフ・シュタイナーの考えを受けて「教育そのものが芸術行為であるべき」だと考えられている。特に幼児期は体の成長を作る時期と提唱し、手足を多く動かすことを重視し、体を使った表現であるオイリュトミーや水彩技法、フォルメンという線描など、独自の芸術活動が行われる。そして、刺激を与えすぎない方がよいと考え、ピンク色のカーテンや木を使い温かみのある有機的な環境を作り、子どもに「安心感」を与えることが望まれている。

　モンテッソーリ教育とは、子どもに「自分を育てる力」すなわち「自己教育力」が備わっていることを前提とし、この力を充分に発揮できる環境および自由を子どもに用意し、自発的な活動を促して成長させることが基本理念である。「自立していて、有能で、責任感と他人への思いやりがあり、生涯学び続ける姿勢を持った人間を育てる」ことを目的にしている。モンテッソーリ教育では、0歳から6歳までの乳幼児期を、発達段階の特徴から0歳から3歳までの前期と3歳から6歳までの後期に分けて考えている。それぞれの発達段階にあらわれる敏感期を背景に教育環境が用意される。

　これらの教育方法は主体性が求められ、海外では保護者も参加した環境づくりが行われており、子どもに関わる人の意見・価値観を一致させることがより重要である。

[参考文献]
1) 山田恵美・佐藤将之・山田あすか「自由遊びにおける園児の活動規模と遊びの種類およびコーナーの型に関する研究」『日本建築学会計画系論文集』第74巻 第673号、2009、pp.549-557
2) 子安美知子『シュタイナー教育を考える』朝日新聞社、1987
3) 日本モンテッソーリ教育総合研究所：https://sainou.or.jp/montessori/

1-04 子どもたちの1日の過ごし方

保育の現場と設計②

藤田大輔
福井工業大学環境情報学部デザイン学科 准教授

● 1日の大まかな流れ（図1）

保育所は8時間を原則として、保護者の就労時間等により朝夕の延長保育がある。年間を通して長期休暇期間はない。また、地方よりも都市部で滞在時間が長い傾向にある。

1) 保育所0～2歳児

登園後自由に遊ぶが、保育士の見守り負担緩和のため、活動場所が定められている園が多い。10時ごろにおやつを食べ、さらに低年齢児から順に昼食となるため、午前中はその準備に人員が割かれる。また、特に0歳児は生活リズムに個人差があり、寝ている園児を活動から隔離する場合もある。昼食・午睡の最中に園児が用便に行くと職員もついていく必要があり、活動の切り替わり前後にクラス単位でまとめてトイレに行かせている園もある。そのため、着替えや、おむつ換え等を行うトイレ周辺が、0～2歳児にとって計画上重視すべき空間となる。

2) 保育所3～5歳児

用便や着替えについて保育士のケアが必要なくなり生活習慣が自立してくる。5歳児はプールが終わるまでは午睡を実施している園が多く、その後は小学校との接続を意識した午睡をしない生活リズムとなる。

幼稚園は4時間を保育標準時間としているが、預かり保育を実施している園が大半で、午睡やおやつが必要となる。登・降園時間が定められ、クラス単位のホームルーム（HR）を実施する場合が多い。小学校等と同じ期間で長期休暇がある。

認定こども園は、保育所と幼稚園の生活時間が混在し、特に降園時間にバラつきがあるため、昼食以降の集団編成や室利用に配慮や工夫が必要となる。ただし、お迎えや人員配置の効率のみを重視せず、そこで過ごす園児にとって魅力的な活動が展開できる場を提供することが前提となる。

● 人数の変動と活動場所

延長保育や預かり保育の実施により、時間帯によって園児数に差が生じる。早朝や夕方遅くは園児数が少ないため、少ない保育士数でも目が行き届くように、小さなスペースに園児を集めて保育を展開する。ただし、発達段階により遊び環境への要求は異なるため、可能であれば0～1歳児と2～5歳児の活動場所は分けられるとよい。また、限られた職員数で園児の活動をサポートするため、自由保育の時間帯でも、活動範囲が定められている場合が多い。

● 活動の展開で重視すべきこと

クラス単位で活動をする場合、次の活動を待つ時間が生じる。保育の時間は有限なので、より意味がある保育活動が展開できるような空間構成としたい。例えば食べる場所と寝る場所を分けることで、昼食の最中に布団を敷く等の作業を行うことが可能となる。活動の流れを意識して、保育活動がスムーズに展開するような空間を構成したい（図2）。

図1 保育所および幼稚園の1日の流れ

	早朝	午前	昼食	午睡	午後	夕方以降	夕方遅く
0歳児室	-	○	○	○	○	○	-
1歳児室	○	△	○	○	○	○	○
2歳児室	-	△	○	○	○	○	-
幼児室	-	△	-	-	○	○	-
遊戯室	-	○	○	-	○	-	-
園庭	-	○	-	-	○	-	-

各部屋の使用状況（例：早朝は1歳児室に全員（少人数）が集まる）
○：使用　△：一部の園児が滞在　-：不使用

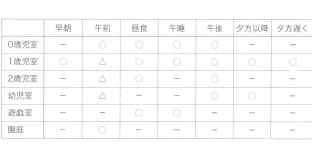

図2 園児の活動展開例（あまねこども園）

1-05 保育の現場と設計③ 遊びの展開

藤田大輔
福井工業大学環境情報学部デザイン学科 准教授

●保育施設で想定すべき基本的遊び

遊び環境の計画では、まず次に示す基本的遊びを網羅するようにコーナー・場を計画し、その上で各保育施設の運営者が重視する遊びを話し合って盛り込みたい。

1) 動的遊び

固定遊具、花いちもんめなどの動的ごっこ遊び、鬼ごっこ、ボール遊びなどがある。遊びによって滞在状況が異なり、ボール遊びなどある広さの中で完結するもの、鬼ごっこなど周囲の場所に領域が広がる遊びがある。

2) 中間的遊び

砂遊び（土いじり）、玩具・ブロック遊び、うた、楽器遊びなどがある。砂遊びは砂場に限らず、園庭や固定遊具などの様々な場所で起こり得るが、砂遊び拠点の周囲には水道のほかスコップ、バケツ、台車などの道具を設置する。

3) 静的遊び

専用コーナーが必要なままごと、道具・素材を持ち運んでテーブル等で遊ぶ工作、お絵かき、絵本読みがある。

園全体としては、様々な場所を動き回る遊びのために、各室・空間の行き来を担保し、さらに落ち着いた遊びのために、ある集団で占有されるコーナー・場、複数の遊びで共有されるコーナー・場を計画することが重要である。

●遊びに関わる5つの特性

遊び環境を考える際は、表1に示すようにある遊びに特化したコーナー（専用コーナー）、多目的なコーナー（テーブル・イス、狭いスペース、広いスペース、高低差・段差）が網羅できているかチェックしながら計画すると良い[1]。

1) 専用コーナー

場所と行為の関係が1対1対応になるコーナーで、遊びの内容に応じて周囲から隔離するか、他の遊びの侵入を許容するか決定する。施主と良く検討されたい。

2) テーブル・イス

遊び道具・素材が持ち運ばれて遊ぶ場所となるため、近くに道具・素材をまとめて配置したい。

3) 狭いスペース

道具・素材を持ち運んで、床面で遊びが展開される。多目的コーナーとして機能する絨毯や、隠れ家にもなるくぼみなどが挙げられる。

4) 広いスペース

集団で遊べる広さ、鬼ごっこなど複数の場所に行き来するための空間的つながりが求められる。

5) 高低差・段差

単に広すぎたり、フラットで退屈な空間にならないよう、高低差・段差を設けたい。広いスペースと隣接して高低差・段差、あるいは穴やくぼみなどがあると、連携して遊びがひろがる一方で、専用コーナーとしても機能し得る。

［参考文献］
1) 藤田大輔・山崎俊裕「園児一人ひとりの遊び行為からみた保育施設における基本的遊びの抽出とその特性」『日本建築学会学術講演梗概集 E-1』2019 年 9 月、pp.421-422

図1 一定の範囲を占有するボール遊び

図2 細長い通路を動き回る鬼ごっこ

図3 様々な場所で展開される砂遊び

図4 砂遊びの場所にもなる固定遊具

図5 絵本読みの場所となる絵本棚とラグ

図6 周囲から様々なものを持ち運ぶ小上がり

表1 遊びにまつわる5つの特徴

場所×行為	空間の特徴	遊びが観察された具体的な場所	内容
単一目的な場所	専用コーナー	ままごとコーナー／パソコンコーナー／砂場／固定遊具／飼育小屋	場所と行為の関係が1対1のコーナー
多目的な場所	テーブル・イス	テーブル／イス／ベンチ	道具・素材を他から持ち運ぶか、保育者が設置する多目的な場所。遊びにより着座しない場合もある
	狭いスペース	絨毯／制作した拠点／段ボール製の拠点	少人数利用を想定した2畳以下のスペース。園児が制作に関わる場合もある
	広いスペース	保育室／ウッドデッキテラス／園舎前の庭／グラウンド／遊戯室	家具等の障害物がなく、多人数で動きのある遊びが可能な広いスペース
	高低差・段差	円形の穴／キバ／擁壁／階段／裏山	高低差・段差のある場所で、起伏のある自然環境も含む

1-06 保育の現場と設計④ 乳幼児の身体寸法

松本麻里
乃村工藝社 デザイナー

	0歳児	1歳児	2歳児	3歳児	4歳児	5歳児
①身長	678	738	836	921	998	1061
②手を伸ばした最大高さ	-	910	962	1153	1203	1355
③手を広げた最大幅	-	712	777	894	944	1013
④頭幅	121	130	137	139	142	144
⑤頭長	143	153	159	163	166	168
⑥膝下までの高さ	-	160	179	207	238	258
⑦膝下からお尻までの長さ	-	158	211	226	265	286
⑧座高	-	472	506	542	575	598
⑨手の指の幅（人差し指）	8	8	9	9	10	10
⑩足の指の高さ（親指）	10	11	11	12	13	13

（単位 mm）

● 乳幼児の身体寸法を把握する意義

乳幼児の身体寸法は、年齢により大きく異なる。保育施設の設計にあたり、年齢ごとの平均的な身体寸法を把握しておくことは、乳幼児にとって、のびのびと活動でき、居心地がよく、使いやすく、そして安全性の高い空間・家具・什器をつくりだすうえで重要である。さらに、保育者にとっても、安心して保育でき、働きやすい環境づくりにつながる。

● 年齢別身体寸法の平均値

乳幼児の身体寸法について、『子どものからだ図鑑』[1]をもとに、空間・家具・什器の設計に特に関わると考えられる以下の10項目を抽出して、図1に示す。

①身長：頭・顔をぶつけない高さ、目線の高さ
②手を伸ばした最大高さ：手が届く、届かない高さ
③手を広げた最大幅：手が届く、届かない位置
④頭幅：手すり子の幅、家具と壁の隙間
⑤頭長：手すり子の幅、家具と壁の隙間
⑥膝下までの高さ：椅子の座面の高さ
⑦膝下からお尻までの長さ：椅子の座面の奥行
⑧座高：机の高さ、椅子の背の高さ
⑨手の指の幅：挟まらない隙間、抜ける隙間
⑩足の指の高さ：挟まらない隙間、つまずかない段差

また、身長については、厚生労働省によるデータ[2]も参考となる。測定対象や実施年度が異なるため、図1のデータとは若干の相違があるが、おおまかな傾向は把握できる。

さらに、ここでは平均値を示したが、身体寸法には個人差があることにも留意する。『子どものからだ図鑑』には、平均値のほかに標準偏差や5、50、95パーセンタイル値も記載されているため、詳しくは同書を参照されたい。

● 子どもの行動特性と寸法

子どもには、高いところに上ったり、狭いところに挟まったり、低いところに潜り込んだりといった特有の行動特性がある[3]。これらの行動に対応する空間の寸法を把握することもまた重要である。『子どものからだ図鑑』には、乗り越えられる高さ、すり抜けられる幅、潜り抜けられる高さのデータも記載されている。一部を抜粋して図2に示す。なお、3歳以下は測定困難なため、データの記載がない。

● 空間・家具・什器づくりへのアプローチ

身体寸法や行動特性の把握と併せて、子どもの行動観察、保育者、保護者、専門家との対話、ニーズを引き出すワークショップ等を設計に反映することも当事者に寄り添う保

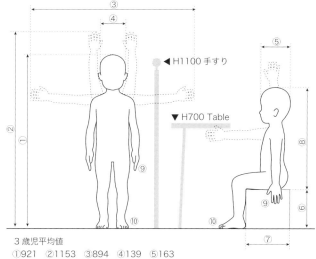

3歳児平均値
①921 ②1153 ③894 ④139 ⑤163
⑥207 ⑦226 ⑧542 ⑨人差し指幅8Φ ⑩親指高12 （単位mm）

図1 乳幼児の年齢別身体寸法の平均値（参考文献1をもとに作成）

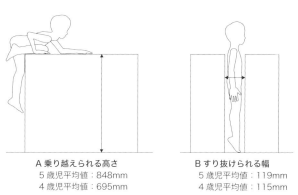

A 乗り越えられる高さ
5歳児平均値：848mm
4歳児平均値：695mm

B すり抜けられる幅
5歳児平均値：119mm
4歳児平均値：115mm

C 潜り抜けられる高さ
5歳児平均値：147mm
4歳児平均値：145mm

図2 子どもの行動特性と寸法（参考文献1をもとに作成）

育空間づくりには有効である。子どもたちはもちろん大人も心地よく過ごせる保育空間づくりには、数値と経験値、双方を活かした設計のアプローチが重要である。

［参考文献］
1) 独立行政法人産業技術総合研究所デジタルヒューマン工学研究センター・公益社団法人日本インダストリアルデザイナー協会・特定非営利活動法人（内閣府認証 NPO）キッズデザイン協議会 企画・監修『子どものからだ図鑑 キッズデザイン実践のためのデータブック』ワークスコーポレーション、2013
2) 厚生労働省厚生統計要覧（平成29年度）「第2編 保健衛生 第1章保健」身長・体重の平均値、性・年次×年齢別（第2-6表）
3) 仲綾子＋チームM乃村工藝社『こどもとおとなの空間デザイン［対訳］』産学社、2018

1-07 豊かな遊びが広がる環境とは

保育環境研究者の視点

高山静子
東洋大学福祉社会デザイン学部生活支援学科 教授

図1 森は子どもが遊びを広げやすい環境

●子どもが遊びを展開しやすい環境とは

乳幼児期の教育では、子どもの自発的な遊びを重要な学習と捉え、生活全体を通して子どもの学びを支援する。乳幼児は、自分をとりまく環境と、身体を使って関わる。その関わりのなかから環境の性質を学び（知識の基盤）、環境に合わせて自分を調整する能力（運動能力やコミュニケーション能力等）を獲得する。そのため、子どもの周囲にどのような環境が準備されているかによって、学習する内容が異なる。

空間には、乳幼児が遊びを広げやすい環境づくりが必要である。

子どもが創造的に遊びを広げることができる環境のポイントには、①応答性が高い、②挑戦できる、③多様性がある、④想像や創造がしやすい、⑤適度な刺激量（色・音・臭い等）の5つがある。この内、設計による影響が特に大きいものは、②〜⑤と考えられる。

自然物にあふれた森は上記の要素をもっている（図1）。保育室や園庭にも、森のような要素を準備することで、子どもの遊びは広がりやすくなると考えられる[1]。

●応答性が高く挑戦できる空間

森には子どもの働きかけに対して適切に応答する素材や生き物にあふれている。よじ登る、ぶら下がる、力一杯引っ張る等挑戦にも事欠かない。

しかしコンクリートの道路は、子どもが働きかけてもほとんど形が変わらない。公園も子どもが掘り返すことができる土や採ってもよい草花は少ない。園では、保育室も園庭にも、子どもが働きかけることによって適切に応答する森のような環境を準備することが望ましい。また子どもが挑戦でき、力を出し切る経験ができるように環境を準備する。

●多様性を埋め込める空間

子どもには、発達段階の多様性、興味・関心の多様性がある。それらを受けとめられるように、空間にも多様性を持たせることが必要である。

空間の多様性とは、子どもの多様な発達欲求と、多様な興味関心に応えることである。乳幼児期の子どもの発達は著しい。子どもが常に動き回り、五感や身体、手を使った探求活動を充足できる空間が必要である。

さらに遊びには素材と道具が必要である。園庭であれば土や草等の素材と、スコップ等の道具であり、保育室であれば積み木や紙等の素材とハサミ等の道具である。このような遊びの素材と道具をどの程度の量を準備し、どのように配置する予定なのか、保育者からの聞き取りが必要になる。クラスのなかやクラスに隣接して教材庫や教材棚があると、子どもや保育者の活動の展開を助ける。幼児クラスにドアのない教材庫を設けることで、教材庫を空間の1つとして活用する園もある。教材庫は、子どもが手をはさまない安全性と、保育者が扉を開けたまま物を出し入れできることが必須である。

●適度な刺激量であり創造しやすい空間

保育環境を構成するときに考慮する視点には、色、形等の視覚刺激、光、音、物・自然、動線、気温・湿度・空気の質等がある[2]。

森のような自然環境では、それぞれの色彩は調和しあっている。換気をしなくても空気は常に流れている。森のなかでは子どもの声をうるさく感じることがない。しかし人工的な空間で、かつ同年齢の子どもが集団で過ごす特殊な場では、色や形の視覚刺激も、音や光の聴覚刺激も自然界と比較すると、多すぎる、または極端に少なすぎる環境になりやすい。

子ども向けの空間には、大人は、子どもを引きつける新奇性の高い配色や形、音を配置しがちである。レジャーランドのように、常に周囲の刺激が子どもを引きつける環境のなかでは、子どもは自分自身の遊びを作り出すことが難しい。

子どもたちがイメージの世界をふくらませて、遊びや活動に集中するには環境は、シンプルである方が望ましい。例えば、園庭に「てんとう虫の家」等イメージが完成した遊具を置くと、子どものイメージや遊びの幅を狭めることになる。シンプルな木枠であれば、子どもがその時々の興味関心によって船になったり、家や温泉になったりとイメージを広げることができる。

●遊びを広げる環境をつくる上での矛盾

保育室や園庭の環境は、遊びの機能のみを優先するわけにはいかない。保育の環境づくりには様々な矛盾がある。

乳幼児の遊びにとってよい空間は、必ずしも保育者にとってもよい空間であるとは限らない。例えば常に泥んこができる園庭は子どもには楽しい空間であるが、1日に何度も何十人もの体を洗う保育者にとっては負担が大きい。

また維持管理にとられる時間も大きい。

自然の空間は、遊びを広げやすいが、常に変化するため人の継続的な管理が必要である。また挑戦できる複雑な環境には危険も伴う。人工的な環境は、管理が容易であり清潔を保ちやすい。安全すぎる環境は子どもの危機管理能力を育てない環境であり、清潔すぎる環境は子どもの免疫力を育てない環境でもある。園の環境づくりでは、子どもの発達を促しながらも、子どもの大きな事故やけが、集団感染を防止する環境でなくてはならないという矛盾がある。

また保育園の保育時間は10時間を超えることもあり、昼寝や食事等の生活の場面も多くある。生活の場面では、恒常性を保ち変化が少ないことが情緒の安定を促すが、遊びの場面では変化が大きく挑戦的であることが発達を促す。保育室に生活と遊びの2つの機能を持たせる保育園では、この矛盾が大きい。

子どもの遊びを引き出す環境と、子どもが遊びを広げる環境の矛盾もある。クライミングウォールのように環境が子どもの動きや遊びを引き出す物があるが、それらを環境に埋め込み過ぎると、環境が子どもを遊んでくれる状態になり、子どもは遊びを広げにくくなる。

このような保育環境に関する矛盾を理解することで、園のニーズに合うバランスのよい環境を提案しやすくなると考えられる。

● **集団に配慮のある空間づくり**

保育室内では、大勢の子どもが様々な色の服を着て室内を動き回る。子どもの人数に合わせて、共有物と私物が置かれるため、家庭よりも刺激量が多くなる。

色や形等の視覚的な刺激も、一般の家庭よりも過度になりがちである。玩具はプラスチックの彩度の高い色彩や木製でも赤青黄の原色が多い。パステル調の壁や、デザインや色彩が複雑な保育室は、子どもと玩具が入ったときに、全体として不調和な色彩環境となり、汚い印象を受ける場合もある。

大勢の子どもが活動する場合、音刺激も過剰になりやすい。吹き抜けの食事ルームでは声が響くため、保育者が子どものおしゃべりを注意し静かにさせることが増える。吸音材を埋め込む園が増えているが、素材やデザインの面でも音刺激の配慮があると保育者のストレスは減ると考えられる。

集団の保育では、子どものパーソナルスペースを守ることも課題になる。そのために保育室内の空間を分けることによって混み合い感を低くする、廊下やテラス等を保育室としてつくり混み合い感を減らす、保育室内・廊下、園庭に1人になれる安全な空間を準備する等の工夫が見られる。

● **遊びや活動の展開を支えられる空間**

今、幼児クラスでは、継続的な活動が行われることが増えている。子どもたちが、昨日の続きを行うために継続的に物を置く場所や、子どもが話合いを行うための空間等、継続的な活動を支える機能が必要となる。

そのためには、腰高までの場所の材質も重要である。子どもの作品やポートフォリオを子どもが見える場に掲示するには、子どもの手の届く位置は、掲示ができる材質が望ましい。最近では子どもの手の届く位置にホワイトボードを設置することや、模造紙を貼る園も増えている。掲示物を下げやすいピクチャーレールが廊下や保育室内にあることも、子どもや保育者の活動の展開を助ける。

● **遊びを広げにくい空間とは**

最後に、遊びを広げにくい保育室の例をあえて挙げてみたい。

1つは壁が少ない保育室である。例えば、掃き出し窓が多い部屋や、腰高までの位置にガラス窓が多い空間は、遊びの素材や道具を置きにくく、遊びの空間を作りにくい。昼寝や食事等の生活場面が多い保育園の場合、腰高までの位置がガラスであると落ち着きのある生活ができず、保育者が後で紙やシートをガラスに貼ることになる。

子どもの個人ロッカーが、壁に設置されている保育室も遊びを広げにくい。ロッカーの前は生活の空間となる。ロッカーが二面の壁に設置された保育室は、保育室のほとんどが、生活のための空間になる。保育室の空間を、遊びの機能を果たす空間とするためには、受入室をつくること、入り口付近に生活の場を設けること、移動式ロッカーで朝夕のみ玄関先へロッカーを集める等の工夫がある。

床や壁、柱等の材質が固い場合には、保育者が子どもの遊びや活動を制限することが増える。新築の園で、段差や柱や突起物に、保育者が衝突防止クッションを貼っていることをよく見かける。けがが発生すると、保育者は子どもの自由な遊びを制止するようになる。

環境は、保育者と子どもの関わりの質と、保育内容の質に影響を与えている。

● **保育の変化に対応できる空間**

これまで長い間、多くの幼稚園・保育園は保育者が指示をして日替わりの活動をする一斉保育が中心であった。そのため運動場や体育館のような一斉活動に集中しやすい空間が好まれた。現在、保育者には、子どもの主体的な活動を中心とし、環境を構成することが求められており、保育の現場は少しずつ変わり始めている。今は一斉保育を行っている園でも、10年後には変わる可能性がある。保育者と子どもが、空間を創造できるよう、改変する余地を残すことが望ましいだろう。

[参考文献]
1) 高山静子「幼児教育における環境構成の理論」公益社団法人国土緑化推進機構編『森と自然を活用した保育・幼児教育ガイドブック』風鳴社、2018
2) 高山静子『環境構成の理論と実践』エイデル研究所、2014

2章 建築計画の基本

2-01 設計業務の流れ

安藤武司
カムロ 代表取締役

藤田大輔
福井工業大学環境情報学部デザイン学科 准教授

保育施設の設計では、園舎新設・建替え等の費用を自己資金のみで賄うことが難しく、補助金利用が大半を占める。そこで、補助金利用時の注意点を中心に整理する。①保育施設設計のスケジュール、②その他検討事項、の全体像については、図1を参照されたい。

● 各市町村の保育施設整備方針の確認

最初に、各市町村の保育施設整備方針を確認する。既存園舎の建て替えであっても、補助金を利用した計画は、定員設定を市町村窓口で確認する必要がある。

● 事前相談の重要性

保育施設整備の申し込み期間は、8月下旬から10月下旬の2か月程度である。本申込をする前に事業、資金、職員配置等の骨子を十分検討のうえ、市町村窓口で事前相談する。整備説明会の話を聞いてから準備すると、約2か月で基本設計、設計見積書、建築工事見積書を作成しなければならないため、あらかじめ計画をすすめておく必要性がある。また、整備計画に盛り込んだ基本設計の内容はその後大幅に変更できないため、施主の理解を十分得ておく必要がある。

● 補助金の申請と実施設計の開始

整備計画の申し込み後、市町村の議会を経て予算が確保される（計画年2〜3月頃）。予算成立後、補助金申請を行う（施設整備年4月頃）。補助金申請を行った後に実施設計を始めていると、施設整備の着工時期が遅れるため、市町村議会の検討が決まった頃には、実施設計を開始している必要がある。

● 独立行政法人福祉医療機構からの融資

補助金と自己資金のみで総事業費を賄うことが不可能な場合、福祉医療機構の融資利用を検討する。遅くとも計画年の8月頃までには、事前相談をしておく。また、融資の借入申込の際は、各市町村に意見書の作成を依頼する必要がある。

● 施工業者の選定

補助金活用の事業では、公募型一般競争入札方式の下で決定されることが多い。入札参加業者の資格条件等は、各市町村と打ち合わせをして決定することが望ましい。

● 工事完了

建築確認検査、消防検査と並んで保育課の検査、保健所の検査を受け合格する必要がある。年度末の検査となるため、工期に十分余裕を持たせて計画する。

● 保育施設設計特有の注意点

補助金決定のタイミングや年度当初に開園する必要性等から、保育施設の設計はタイトスケジュールになりがちである。設計業務の流れを頭に入れながら、迅速かつ適切な設計を行うことが、子どもたちのための施設計画につながることを肝に銘じたい。

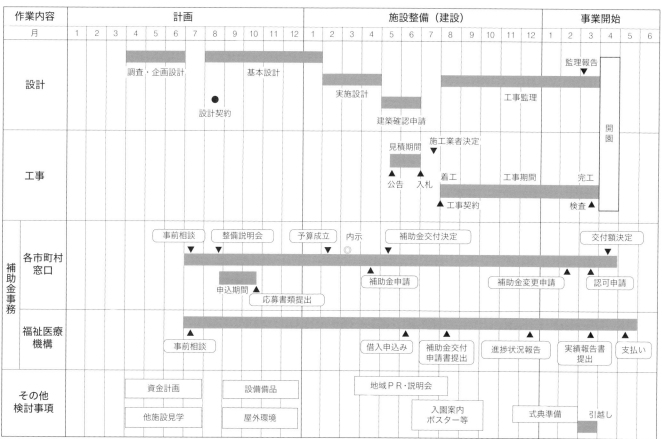

図1 保育施設設計業務・補助金申請の流れ

2-02 立地に応じた敷地外の保育環境

小池孝子
東京家政学院大学現代生活学部生活デザイン学科 教授
江川紀美子
日本女子大学家政学部住居学科 助教

● **施設の立地を考える**

保育施設の設置場所を考える場合、その地域にどれだけの保育ニーズが存在するかがまず条件となる。しかし、子どもを持つ家庭が多く住む地域は、しばしば市街化が進んだ地域と重なり、用地の確保が困難であることが多い。住宅地における保育施設の建設は、住民の反対運動を引き起こすことさえあり、保育施設の立地は必ずしも保育に適した環境とは限らないのが現状である。しかしながら保育は園のなかだけで完結するものではなく、子どもの健やかな成長には園外での様々な活動もまた重要である。そうした現状を踏まえ、敷地外の保育環境の整備について考える。

● **敷地外での保育活動**

多くの保育施設では保育の一環として外遊び活動が行われており、園庭や近隣の公園、緑道等が主な活動場所となっている。特に園庭のない施設では園外活動の頻度が高い。園庭がある施設でも園外活動は日常的に行われており、目的は、園庭にはない大型の遊具での遊びや自然環境に触れさせること等にある。公園等の目的地に至る経路も、民家の植栽や飼われている動物といった動植物とのふれあいや、商業施設の季節の装飾、消防署の消防車等、街中のアイストップが経路選択の重要な要素である(図1)。歩道橋、坂道といった特別の設えとはいえないもののなかにも子どもにとって親しみのある遊び道具となるものが存在する。園外活動は地域住民との交流の契機としても非常に重要であり、地域の交通安全性の確保が求められる。

● **保育空間としての公園に求められる空間・要素**

公園での保育が行われる場所は、固定型遊具のある空間、緑地空間、広場空間の3つに大別できる。大型で複雑な遊具は子どもたちの興味を引きつけるが、必ずしも必要というものでもない。複雑な遊具は遊具そのものを使った遊びを楽しむことができるが、慣れない遊具からは遊びの発展はあまり期待できない。遊びの多様性の観点からみると、慣れ親しんだ公園の遊具は、園庭の遊具と同様に遊具本来の遊び方だけでなく様々な遊びへの展開が期待できる。植込み・花壇等の緑地空間では、落ち葉拾い、虫を捕まえる等の遊びがみられ、園庭のない施設、園庭はあっても土の庭ではない施設にとっては特に重要な意味を持つ。広場空間はかけっこ等、大きく体を動かす遊びに利用でき、移動型遊具を持ちこむことで様々な遊びを展開できる。

● **日常的な園外活動の範囲**

園外保育に使えるまとまった時間は、長くとも午前中の2時間程度であり、子どもの体力を考えると往復を含め1時間程度が目安となると考えられる。筆者らの調査では、多くの施設が施設から500m以内、15分程度で歩いて行ける公園を日常的に利用していることがわかっており、これを日常的な園外保育の圏域と考えることができる。この圏域内に特徴の異なる複数の目的地を持てることが望ましいが、公園等があっても遊具の安全管理、砂場の衛生管理が行き届いていない場合があることから注意を要する。

● **マンション開発に伴う保育施設と公開空地の計画**

総合設計制度により設けられる公開空地は、地域住民の利用に供することを目的としている。この制度に基づき、市街地のマンション開発では広場状空地、歩道状空地が設けられることがある。一般公衆が自由に出入りできることが前提の公開空地だが、居住者のプライバシーへの配慮から必ずしも入りやすくはなってはおらず、実際の利用状況は様々である。保育施設が含まれる開発においては、公開空地と施設の関係に配慮して計画することにより、子どもの遊び空間を豊かにすることが可能となる。ただし、安全性の観点から利用が難しかったり、特に中庭型の広場状空地において音の反響の問題から利用が制限される、といったことも起こりうるため計画には注意が必要となる。

● **保育施設の設置による容積率割増制度**

保育施設の不足から、2001年には国土交通省通知[注1]により総合設計制度の容積率割増の規定に、確保が必要と認められた地域における保育所等の設置が加えられた。また地方自治体のなかには、独自に容積率緩和の特例措置を設けているものも存在する。こうした背景から、近年ではマンション開発において保育所、学童保育所を整備する事例がよく見られるようになった。こうした開発に伴って整備された保育施設には、施設専用の園庭を持つ施設と持たない施設とが存在する。以下にそれぞれの事例をもとに、設計上の留意点について示す。

● **マンション開発に伴う計画1：園庭のある施設**

図2は江東区の分譲マンション開発に伴い2007年に設置された定員94名の私立認可保育所である。18階建ての

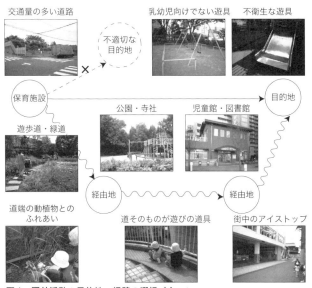

図1　園外活動の目的地・経路の選択パターン

住棟とは別棟で、1階に認可保育所、1階の一部と2階に学童保育所が整備されている。歩道からアルコーブのある門扉、園庭を経て園舎にアクセスでき、交通安全性の確保、送迎時の混雑防止に役立っている。ただし、園庭の隣の公開空地は園の活動には使わないという申し合わせがあるため利用していない。敷地内の中庭は庭園として整備されており、子どもの利用には適していないため利用していない。

● マンション開発に伴う計画2：園庭のない施設

図3は葛飾区の分譲マンション開発に伴い2010年に設置された定員99名の私立認可保育所である。11階建の住棟から張り出すようにして2階建の園舎が建てられている。大通りとは反対側に広く取られた歩道から門扉を経て、規定の園庭面積に満たない小さな前庭を通ってアクセスすることができる。敷地内の2つの広場状公開空地は、それぞれ固定型遊具のある広場と緑地空間として整備されており、どちらも子どもの遊び場としての役割を果たしている。

● 施設前の歩道空間

園庭のない施設は市街地のビル内に多いが、こうした施設の立地で最も留意すべきは安全性の確保である。非常時を考えると施設の設置階は1階が望ましいが、ドア1枚を隔てて路側帯があるのみという立地では交通安全性の問題が生じる。図4の認証保育所は、施設前に広い歩道状空間が整備されており、園外活動に出かける際の整列・点呼や注意事項の呼びかけに利用されている。地域の再開発に伴って整備された街区内にあり、園庭はないが広場状空地が複数ある。施設前にはプランターを置くことのできる空間があり、子どもたちは歩道に立って水やりをしている。さらに、送迎時には自転車やベビーカーを一時的に停めることができ、歩道空間が施設と外部を繋ぐ中間的な領域として施設利用者および近隣から認知されていると考えられる。

● 保育施設と外部を繋ぐ空間

保育施設の量的整備が進みつつあるが、少子化時代にあっても都市部の保育ニーズが減少に転じるのはまだ先のこととなるだろう。都市部における保育施設整備においては園庭の確保はますます困難となることから、公園への保育施設建設も進められている。しかしながら、園舎と敷地外部空間との間にそうした緩衝地帯を持てない既成市街地では、登降園や屋外活動の安全性の観点から、また植物を育てる等の活動の場として、園舎と敷地外の空間を繋ぎ、専有的に利用できる中間的な領域を確保することが求められる（図5）。

注1）国住街第95号 国土交通省住宅局長通知「総合設計許可準則の一部改正について」2001年9月10日

[参考文献]
1) 小池孝子・定行まり子「都市部における保育施設の屋外保育環境について 東京都区部における複合型保育所の施設環境に関する研究その2」『日本建築学会計画系論文集』第628号、2008、pp.1197-1204
2) 江川紀美子・定行まり子「子育て支援施設による屋外空間の利用実態からみた集合住宅の公開スペースの活用について」『日本建築学会住宅系研究報告会論文集』第6号、2011、pp.61-68
3) 近藤ふみ・小池孝子・定行まり子「住宅に複合する保育所の領域形成と保育環境に関する考察 子育て施設の居住環境に関する研究その2」『日本建築学会2008年度大会学術講演梗概集』E-1、2008、pp.211-212

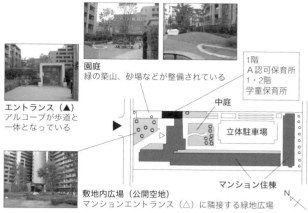

図2 マンション開発に伴う計画1：園庭のある施設

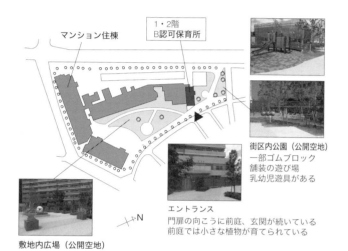

図3 マンション開発に伴う計画2：園庭のない施設

図4 施設前歩道を利用できる施設

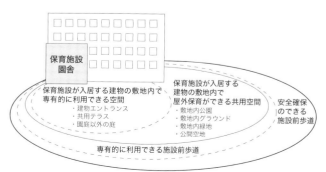

図5 保育施設近傍の屋外空間の領域性

2-03 配置計画

西本雅人
福井大学学術研究院工学系部門 講師

●園舎配置の基本的な考え方とは？

園舎にとってどのような配置が理想的であろうか？ここでは、敷地の特性からみた配置計画の特徴を整理してみたい（表1）。まず原則として、保育室や子ども用トイレは午前中に明るく風通しのよくなるように南（東）面に配置する。園庭は、外での活動は午前中に多いためこれも南（東）面にある方が好まれる。つまり、敷地は細長く、園庭に建物の影が落ちにくい北側に園舎、南側に園庭が配置計画の基本的な考え方である（図1）。しかし、これだけでは園舎の形自体の面白みも欠けるし、敷地の特性はその土地によって異なる。その特性によってどのように配置の考え方が異なるか、述べていく。

●既存園舎は理想的な場所にある

新設の園でもない限りほとんどが既存園舎の建て替えおよび増築であろう。たいてい既存園舎は敷地内の理想的な場所に建っているため、既存園舎を残すかの判断をするためにも新園舎の建て替え計画が必要である（図2）。周辺に住宅が多く狭い敷地を「市街地型」とすると、「市街地型」では既存園舎を残しながら新園舎を計画すると配置の制約は大きくなる。その一方、周囲に住宅がなく広い敷地を「郊外型」とすると、「郊外型」では敷地内での建て替えがしやすい。

新しい敷地に園舎を建てる場合では、周辺の住宅の位置関係に特に配慮したい。「市街地型」では園舎と周辺住宅との距離が近いと視線や音に配慮しなければならない。「郊外型」では車での送迎が多いため、朝夕に周囲で渋滞を引き起こしやすい。近隣とのトラブルにならないようにするためにも周辺住宅の位置を押さえておくことが大切だ。

●アプローチを考える

新園舎を建てる範囲、近隣状況を整理したら、次に園舎へのアプローチについて考えよう。園に出入りする人は子ども以外にもたくさんいる（図1）。

子どもがメインとなる主アプローチでは子どもの「履き替え」の位置によって、大きく玄関（集中）方式とテラス（直接）方式の2つの方式がある。玄関（集中）方式は幼児用の玄関で履き替えて保育室に入る方法である。管理がしやすいが、玄関の位置によっては園庭のアクセスが悪くなる。それを解消するために保育室に園庭用の下足箱を設けることもある。テラス（直接）方式は玄関を経由せずに直接保育室に出入りする方法で、玄関や廊下がいらずコンパクトにできるが、保育室が土ほこり等で汚れやすい。

そのほかの従アプローチには来客・スタッフ・物の動線がある。来客は事務室で対応できるようにする。スタッフは人数が多い場合は特にスタッフ用玄関があった方が管理しやすい。食材は「食材搬入路→検収室→調理室」として人の動線と極力離す。また園庭には、土の入れ替えや遊具の点検ができるようにトラック1台分の通路を確保する。

保護者の交通手段は、市街地や都心に近くなるほど徒歩や自転車や園バスでの送迎が多くなる。反対に郊外になるほど車での送迎が増える。スタッフも車で来ることが多いため十分な駐車場を確保することが必要である。また車の利用が多いと事故の危険性が高まるため、敷地に入るとすぐに歩車分離がされるようなアプローチを確保したい。

●ブロックプランで園舎の骨格を作ろう

園舎のなかで優先されるべきは保育室の環境である。まず敷地内で子どもたちが「安全で快適に過ごせる」位置に保育室を配置したい。配置計画ではブロックプランを作成して保育室の並びをまず考えてみよう（図3）。

敷地が狭い市街地型では基本的なブロックプランとなるI型、L型でまず組み立てる。よい条件の場所が限られているため、集中的に保育室を並べるには最適である。敷地が広い郊外型では囲み型・ホール型・分散型の可能性も考えてみよう。囲み型は外部との一体感を演出でき、分散型は複雑な敷地の形にも合わせやすい特色がある。どんなブロックプランでも光庭やハイサイドライトを用いて保育室が同等の環境となるように工夫したい。

保育ゾーンは乳児（0〜2歳児）と幼児（3〜5歳児）のエリアは分けた方がよい。特に上下階で分ける際は保育

表1 敷地の特性から見た配置計画の特徴

	既存園舎との関係	アプローチ	保育ゾーン	共用ゾーン+園庭	管理ゾーン
市街地型 （敷地狭い） （住宅が密集）	・建て替え時に仮設園舎が必要な場合が多い ・周辺住宅との距離が近いので保育室の配置に留意する（視線や音）	・駅やバス停との距離で自転車や歩行などアクセス方法が変わる ・接道距離が限られていることが多く、敷地内で早めに分離させたい（子ども、大人、食材、車）	・保育室と園庭の関係を重視する ・履き替えは直接方式の方が面積は抑えられる ・敷地が狭い場合はI型やL型がまとまりやすい	・敷地が狭い場合はホールや園庭が上階に配置されやすく、立体的なつながりが必要である ・テラスを活用して外との連続性を演出する	・どうしても玄関と園庭に面することができない場合は、玄関側に配置する
郊外型 （敷地広い） （住宅が散在）	・仮設園舎を設けずに建て替えがしやすい ・既存園舎との関係が大切 ・周辺住宅との距離は遠いため、保育室の配置の自由度は高い	・駐車場の確保が必要 ・複数箇所からのアプローチを設けると、管理が分散するため、アプローチ計画が大切である ・既存園舎のアプローチを確保する	・既存園舎を残す場合、既存園舎の保育室との一体感が大切である ・保育室が多い場合は囲み型／分散型がまとまりやすい	・園舎を低層でまとめやすく共用ゾーンが異年齢の関わりの場にもなる ・広い園庭には、発達段階別に異なる2つの園庭を設けたい	・玄関と園庭を視認できる位置に配置する ・園舎に余裕があれば職員の快適性も考慮（休憩室／会議室などを用意）

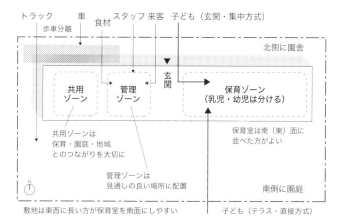

図1 園舎の配置計画の基本的な考え方

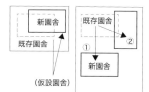

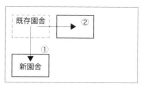

図2 建て替え計画の例

の考え方にも関わるので現場の保育士（先生）とよく話し合って決めたい。幼児を1階、乳児を2階にする場合は乳児が静かな環境で過ごせるが避難しにくい。反対に乳児を1階、幼児を2階にする場合は送り迎えの際に保護者が乳児の部屋までオムツや着替えを取りに行きやすくなるが、2階の幼児の足音が下階に響きやすい。さらに保育室を2階以上に配置すると耐火要件や避難設備（避難階段や避難器具）の確認が必要になる。

● 園の魅力をつくろう

園の特色を引き出すため魅力のある場所を用意したい。この魅力を出しやすいのは共用ゾーンや園庭である。レストランのようなランチルーム、外とつながるホール、山や川が広がる園庭等々、園庭に高低差があった方が子どもたちにとっては滞在しやすくなる場所になる。子どもたちが保育室以外で活動が展開できるように、保育室とのつながりを意識して配置したい。そして、共用部や園庭は地域に開きやすいゾーンでもあるので、地域の人と交流できるような場所に配置することで園の魅力が上がる。

● 管理は見通しのよい場所に

管理ゾーンは主に職員室や調理室まわりがある。職員室（事務室）は玄関に近く、園庭も見渡せる見通しのよい位置に設けたい。保護者や来客の対応や不審者の管理、園庭で怪我が起きたときにすぐ行けるようにするためである。調理室は衛生的には子どものエリアとは分けたいが、食育の観点からみると子どもたちに料理を作っている様子を見せた方がよい。どんな食材でどんな風に作っているのかを毎日見せることで食への関心も高まる。

● 配置プランは3段階で考えよう

配置計画では将来的な増築の可能性も考慮しながら、できるだけ多くの案を検討しておきたい。少なくとも建築面積・延べ床面積のサイズを変えて、コンパクト・スタンダード・贅沢プランの3段階で考えよう。敷地環境や建物の規模によって全ての計画要件を満たすことは難しい場合もある。時には欠点を魅力に変える発想が大切である。

[参考文献]
1) 西日本工高建築連盟『新建築設計ノート 幼稚園・保育所』彰国社、1990
2) 田邉伶夢・青木隆太郎・山田あすか「保育施設における平面構成の変遷に関する研究 その1」『日本建築学会大会学術講演梗概集（東北）』2018
3) 今井正次・櫻井康弘『設計力を育てる建築計画100選』共立出版、2015
4) 日比野設計『笑顔がいっぱいの園舎づくり（幼児の城7）』星雲社、2016

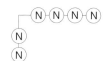

全ての保育室を同じ条件にすることができるタイプ。無難な形だが単調なプランになりがちなので、雁行させることで空間に変化をつけることもできる。小規模から大規模まで幅広く用いられる。大規模だと動線が長くなる。

I型を折り曲げたタイプ。ブロックが2つに分かれるので、乳児ゾーンと幼児ゾーン、保育ゾーンとホールなど、はっきりと空間を分けたいときに有効である。L型の角度を120°、150°と広げることもでき、敷地の形状に合わせやすい。

中庭を中心に保育室が配置されるため一体感のある構成ができるタイプ。保育室が多い方が向いている。各保育室の日照を確保するためにはある程度の中庭の広さが必要になり、敷地の大きさも必要。中庭の他に園庭があると、それぞれ特徴のある遊びを展開することができる。多雪地方では中庭の雪の処理に工夫が必要。

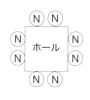

ホールを中心に保育室が配置するタイプ。ホールが廊下を兼ねることで保育室数が多くてもコンパクトにしやすいが、一部の保育室が西・北面となるため日照的に不利となる。すぐにホールで活動できるメリットがあるためオープンプランにも対応しやすい。デメリットはホールの音が響きやすく保育室を静かな環境にしにくいことである。そのため段差を変える、保育室内はホール向きにしないなどの配慮が必要。

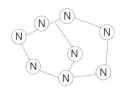

独立した生活を構成しやすいタイプ。それぞれの保育室が個々の家庭的な雰囲気を作り出しやすい。園舎の形態の自由度が高い。その反面、園舎は大きくなりやすく、空調・給排水設備もそれぞれに必要となるのでコストもかかりやすい。そのため、保育室数が6室くらいまでが適切な規模である。

図3 ブロックプラン

2-04 保育活動と保育空間の計画

山田あすか
東京電機大学未来科学部建築学科 教授

● **保育単位（クラス）の構成と保育室の計画**

1）クラス編成の考え方

集合・活動・食事・午睡等1日の連続的な保育を受ける基本的な集団＝保育単位を「クラス」と呼び、従来は年齢別編成が一般的であった（同年齢クラス）。しかし近年では、少子化・兄弟数の減少によって異年齢での日常的な関わりが減ったこと等を背景に、異年齢が混ざり合う、縦型編成の事例が増えている（異年齢クラス）。異年齢クラスには、図1のようにいくつかパターンがある。例えば、0歳児と1歳児の比率が1:2である等の各年齢の園児定員数目安や、運営者の保育理念等も勘案しつつ、妥当な編成を選択する。

2）クラス編成とクラスごとの保育室の設定

一般的に、クラスごとに1日の基本的な活動の場となる室を設け、これを保育室と呼ぶ。保育室は、それぞれの独立性を高める計画（図2：分棟型保育室の例）、連続的につくられた一体的な室をその年度ごとに分割して使用する計画（図3：一体的保育室を分割する例）等がある。

また、保育室を分割・連結可能なように一体的保育室の間に可動間仕切りを設置し、新クラスの4月には集団の安定性を重視してクラス別運用を行い、クラスの発展性を重視したい秋口には可動間仕切りを開けて2クラスを一体的に運用する例もある。この場合、秋以降は場所や活動集団の選択肢が増え、コーナー（2-06 p.30）の多様性も保障しやすく、活動の選択肢や発展につながる。

異年齢クラスでは、同じ活動でも具体の内容が年齢（発達段階）によって異なることから、身体寸法や動作能力の差異・多様性を前提とする。例えば収納の大きさ、家具什器の寸法、ゾーニングしやすい空間構成等に配慮する。

● **活動の種類と保育室の計画**

保育空間には、保育室、遊戯室、ランチルーム、便所、一時保育室等が挙げられるが、ここでは、集まる、遊ぶ、食べる、寝る、身支度といった基本的な活動ごとに必要な空間を解説する。この活動は、1日の流れ（1-04 p.14）に沿って、並行して展開する活動と、基本的には園児全員が一斉に行う活動がある。排泄とその自立支援も保育施設では重要な活動であり、これは2-05（p.28）に詳しい。また、これらの活動のつなぎ目としての移動や、保育者の活動もある。

1）集まる

一般的に、クラスごとまたは複数クラスの合同で、朝と夕方（ないしコアタイムの終了時）に集まりの会が設定さ

○パターン1【2歳児独立】

| 0〜1歳児混合クラス | 2歳児クラス | 3〜5歳児混合クラス① |
| | | 3〜5歳児混合クラス② |

＊3〜5歳児の定員は、一般的に2歳児よりも多い

0〜1歳、2歳、3〜5歳でクラスを編成する。0〜1歳は月齢によって成長・発達が著しく異なり、また年度ごとの月齢別人数の差も大きいため、0〜1歳児は異学年縦割りクラスとする。2歳児は、成長・発達における課題がクリアできているかを確認し、必要に応じて個別の支援を行うため、独立したクラスとする。3〜5歳児は、異学年での学び合いをねらいとして異学年縦割りクラスとする。その際、保育課題の設定等において、年齢なりの実施形態や達成度を設定する等の配慮が必要である。

○パターン2【2・5歳児独立】

| 0〜1歳児混合クラス | 2歳児クラス | 3〜4歳児混合クラス① | 5歳児クラス |
| | | 3〜4歳児混合クラス② | |

上記の配慮に加えて、5歳児では就学を見据えて成長・発達における課題の確認を行うことや、午睡をしない等生活リズムが4歳児以下とは異なるため、独立したクラスとする。

図1　クラス編成のパターン例

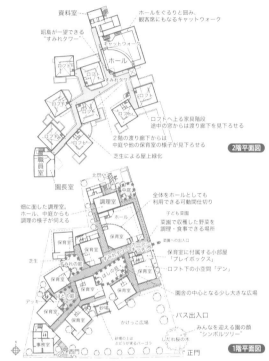

図2　分棟型での保育室の構成例。上下階の視線や動線のつながり、独立性と関連性が子ども視点でデザインされている（昭島すみれ幼稚園／仙田満＋環境デザイン研究所）

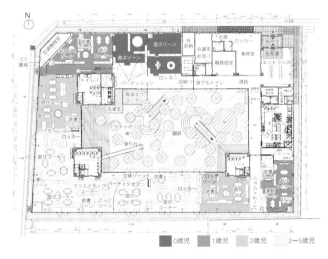

図3　園庭を中心に、回遊性のある一体的な保育室を、クラスごとに分割して使っている。異年齢保育の実践しやすさを重視した計画である。異年齢クラスでは、低年齢児は高年齢児の活動を見ながら「あこがれ」や「ちょっとした背伸び」によって成長の意欲や経験をもてる。また、高年齢児にとっては低年齢児の世話を通して自己の成長や責任感をもつ機会となる。さらに、園児数が減少しても保育者を効率的に配置して集団の経験を保障できることや、年度ごとの学年別園児数の変動に対応しやすいという運営上の利点もある（あきたチャイルド園／泉俊哉＋サムコンセプトデザイン）

れる。これは、その日1日の流れや翌日の予定を共有する等の目的とともに、"みんなが集まり、誰かの話を聞き、自分で話し、情報を共有し、また喜びや期待、悲しい気持ちを共有する"という、集団活動の基盤となる。また、就学時には集団活動とその適用性がより重要となるため、就学や社会生活に向けた基礎的教育の一環でもある。集まりの場は、机に着いた状態で集まる、椅子を馬蹄形や半円状に並べる、丸いカーペットの上に集まる等に設定される。

2）遊ぶ

園児の遊びは、自由遊び（自由保育）と設定遊び（設定保育）に大別される。遊ぶときの姿勢や設えは多様で、遊びの内容に応じて、台（ままごと等）、机（お絵かき、折り紙等）、堅い床面（積み木、レール等）、広さ（身体を動かす遊び）、高さ（見下ろす、ごっこ遊び等）等、保育室のしつらえを検討する。遊びのゾーンをつくる場合、壁・腰壁が多い、作り付け家具を置かない、室が不整形である、天井や床の高さが異なる場所がある、等はゾーニングをしやすくする要素である。

設定遊びでは、保育者が季節や発達段階に応じた活動を設定し、その指導のもと子どもが活動に取り組む。例えば、室内ではお絵かきや工作等の制作遊び、屋外ではドッジボール等のゲーム要素のある運動遊び等がある。設定遊びはしばしば一斉に行われ、保育室ではクラスの規模に応じた机のレイアウトや広さ等の活動場所をあらかじめ想定する。これに対して自由遊びでは、子どもが自分の活動の相手、内容、場所を自ら決める。設定保育で知った技術を自分で展開する等、自由遊びでも制作遊び等はみられるが、ままごとやごっこ遊びは、自由遊びならではである。子どもたちが主体的に遊びを見つけ、継続や発展のなかで"遊び込む"ことができるよう、環境によって誘導や支援を行う。子どもにとっては活動内容が見え、そのための場所があることが遊びの発生・展開・継続を助けるため、しばしば遊びの内容と規模に応じたコーナーを設定する（2-06 p.30）。また、自由遊びと設定遊びの中間ともいえる、期間内で子どもが個々の気分やペースに応じて設定した課題（カードづくりやお絵かき、工作、裁縫等季節の制作遊び等）に取り組むことを指導する運用もあり、この場合には一斉一括で実施するための固定的広さを必要としない。

0〜1歳児の保育室には、設置基準によって「ほふくスペース」を設けることが定められている。このほふくスペースは、当該年齢児たちの主な遊び場所となり、また多くの場合は寝る場所ともなる。ほふくスペースの仕上げにはしばしば、転倒しても怪我をしにくく、かつほふくに適した床面の固さを確保できることから、畳が採用される（図4）。

また、クラスを超えて活動的な遊びができる場として、遊戯室を設ける。遊戯室は各保育室からアクセスしやすい場所に置き、かつ、低年齢児の保育室からは距離を取って、音が直接響かないように配置する。遊戯室では、動的な活動や大人数での活動、音楽活動等を想定するため心理的効果や音響効果を得るため天井高をとるが、これは子どもにとって多様な空間体験の機会となる。また、しばしば発表

図4　保育室の設定例（上：3〜5歳児室／駒形こどもの杜、下：0歳児室／中央ながかみ保育園）

会等に使える舞台を設ける。

また、一時保育や子育て支援は集団としての慣れの問題から、基本的には保育施設に通う子どもたちとは別の保育集団として遇することが多い。保育室と同様に主として遊び・食事・睡眠等の空間としてつくられるが、一連の活動をある程度独立して行える設えをもった室・空間とする。

3）食べる

食事は、各保育室やランチルーム等、クラス合同で集まれる室でとる。低年齢児は、必要なケアの密度が高いため、各保育室の場合が多い。いずれの場合も、子どもの身体寸法に応じた机・椅子を置くことが一般的である。一方、保育者視点での介助しやすさを優先した家具選定や、「家庭らしさ」を重視し、家庭と同様に大人の寸法の机を入れ、補助椅子や高さ調整可能な椅子を置く場合もある。

一方、食事は、食べることを楽しみ、食への意欲や関心を育てるとともに、食を共にするためのマナーを学ぶ、食育の機会でもある。場所や小物等のセッティング、ペンダントライトの採用、音楽等の環境づくりによって食を楽しむ雰囲気を演出する。ランチルームを設ける場合は、天井の高さや照明、景観等で保育室とは異なる特別な機会を演出しやすい。ランチルームは給食室と隣接して設け、子ども自身が配膳・下膳をしやすく、また調理の様子や雰囲気が感じられ食や調理者への自然な興味関心をもてるようにする（図5）。

なお、「食べる」と「寝る」は、子どもそれぞれの生活リズムが異なることから、食べる速さ、就寝準備や起床の

図5 ランチルームと調理室は隣接して設け、料理や食器の受け渡しと、調理室とランチルームの視覚的関係性を演出している（ながかみ保育園）

タイミングに差異があり、この2つの行為が同時並行的に起こることに留意する。衛生的にも、個々の生活リズムを尊重する観点からも、「食べる」と「寝る」場所は、別々に設けられていることが望ましい。食べる場所で就寝するためにはその前に清掃が必要となるため、子どもたちの活動の連続性を阻害する。なお、保育室での食事の場合は、食卓はしばしば机上遊び（お絵かき、文字書き、パズル等）の場所としても使われるが、「食べる」場所と「遊ぶ」場所は明確に分けるべきだとする考え方もある。

4）寝る

保育園、こども園では、長時間保育児のために午睡の時間を設けることが一般的である。また、低年齢、特に0歳児の場合は、昼食後だけでなく午前寝の習慣がある子どももいるため、個々の生活リズムで寝られるよう、保育室の一角に就寝スペースを設ける。

寝るための設えとして、布団一式を各家庭が用意する場合と、施設でコット（簡易的ベッド）を用意し、各家庭では掛け布団のみ用意する場合等がある。布団の収納場所や、コットをスタックして置いておく場所が必要となることに留意する。また、遮光カーテン等で光量を調整できるようにし、空調の気流が直接あたらないように機器を配置する。

なお午睡中でも、SIDS（乳幼児突然死症候群）や窒息の防止等の観点から、0歳児では5分おき、1～2歳児では10分おきの呼吸確認を行う。このため、午睡中も保育者が近くで保育記録や計画の作成等子どもを見守りながらの業務を行えるよう作業場所を設ける。

図6 両側から出し入れができるパススルーの棚が置かれた送迎ステーション（ソフィア東生駒保育園分園）

5）身支度

保育室には、子どもたちが着替えをする場所と、着替え等の身の回りのものを置いておく場所が必要である。両者は近接して設けるが、0～2歳児の場合は荷物の管理（着替えやおむつの補充、よごれ物の回収、荷物入れの整理）は保護者主体のことが多い。このとき、衛生や安全、場の切り替えの観点から保育室内には極力保護者が立ち入る必要性がないように運営したい。このため、子どもや保育者には保育場所と連続性があり、保護者には登降園の動線や玄関から連続した場所に着替え室を設置することが望ましい（図6）。着替えの必要性は、排泄と関連して生じることも多いことから、トイレとの関係にも留意する（2-05 p.28）。

それぞれの子どもが使用する棚（ボックス）の大きさは、持ち帰る作品等も置くか、おむつは別に保管するか、汚れ物は別に保管するか、等の運用を想定して設定する。大きな棚を2人一組で使用し、お互いの関係構築の機会とする等、特徴的な運用方法もある。

また寒冷地等では、冬にコート等のかさのある防寒具が必要となることから、乾燥室を兼ねるコートルームを設けることがある。関連して、地域ごとに靴の仕様が異なることに留意して玄関等出入口の靴置き場を設ける。

6）移動する

室間の移動のため、廊下や階段を設ける。地域の気候条件により、外廊下（縁側、テラス）・内廊下が選択される。階段は子どもの身体寸法・能力に即して蹴上げを低くし、手すりを設ける。近年ではマンションの高層階居住等で、階段を使う機会が少ない子どももおり、保育施設での階段利用が運動能力獲得の貴重な機会の場合もある。また単なる移動空間ではなく、子どもたちの活動や気分転換の場となる等の役割を意識して開口や仕上げを選択し、ちょっとした空間の設置や収納機能を持たせる等工夫する。

7）保育者の活動と各室計画

保育者は主に、保育室・遊戯室・園庭等、子どもたちの活動場所に滞在する。職員室の滞在時間は一般に少ない。ただし、職場環境の質を高めるため、更衣室や休憩室は適切に設ける。なお、保育室に保育者のコーナーを設けることや、子どもが利用するトイレに保育者のトイレブースも設置する等の配慮によって、保育の場からの離脱時間を短くし、保育者の負担が軽減される。

2-05 各室空間計画

仲綾子
東洋大学ライフデザイン学部人間環境デザイン学科 准教授
藤田大輔
福井工業大学環境情報学部デザイン学科 准教授

図1 0～1歳児のトイレ回りの計画(認定こども園F)

●保育園・幼稚園・こども園の各室

保育園、幼稚園、こども園は、保育室、遊戯室、便所等の水回りといった必要諸室がそれぞれ法的に定められている（1-02 p.12）。また、幼稚園では必要諸室のほかに「備えるように努めなければならない」施設として、図書室等が挙げられている。近年では、地域子育て支援拠点事業の1つとして、子育て支援センターが保育園等に併設される事例が増加しつつあり、地域に開かれた施設の計画が模索されている。

また、法的な規定はないが、収納や倉庫の計画が保育の質に影響を与えることは自明であり、軽視できない。さらに、階段や廊下も、単に移動のための空間ではなく、交流が生まれ、活動の舞台となる重要な空間として捉えたい。

使い手に着目すると、園児だけでなく、保育者にとっての働きやすさの視点から計画を見直す傾向もある。加えて、上述のとおり子育て支援の視点から、少子化・核家族化のなかで孤立する育児になりがちな保護者が保育施設へどのように関わるかについても検討が望まれている。

この状況を踏まえ、ここでは、主な各室の計画について解説する。なお、特に重要な保育室の計画については、前節2-04にて行為別に詳しく論じているため、ここでは保育室以外の諸室の計画について述べる。

●アプローチの計画

ベビーカー、自転車、自動車、園バス等が、登降園時に周囲の交通を妨げず、敷地内に円滑に入り、駐停車できる場所を確保する。安全への配慮、近隣との関係も考慮する。アプローチは植栽やオブジェ等で彩り、園児を暖かく迎える雰囲気としたい。

●遊戯室の計画

遊戯室を独立させる場合は、必要以上に敷地の端に追いやらないよう室配置に注意し、各種行事で想定される活動内容や収容人数、また保護者や地域住民の利用に適した規模とする。特に地域の核となる園を実現するためには、地域住民の集まりやサークル活動等の利用しやすさを考慮し、アプローチを別途設けることも一案である。また、床面積も大きく天井も高い遊戯室はがらんとした雰囲気かつ薄暗い空間になりがちで、各種コーナーや他空間との接続を工夫し、日常的な保育の場になるよう工夫したい。例えば調理室を隣接させて食事の場とする等、他の機能と融合させて利活用できる。

保育室と遊戯室を兼用する場合は、可動間仕切り壁とし、日常的に保育室や遊びコーナーとして使用しつつ、園行事の際に大きな一室空間として対処することとなる。棚等で簡易的に仕切る場合は、適切な音環境の実現に留意する。

いずれにしても、行事の重要度を鑑みて遊戯室の独立／兼用を検討したい。年に数回の行事であれば園外のホール等を借りることも選択肢の1つだろう。

●水回りの計画

おむつ替えが必要な園児は、排便前後の着替えの場所、園児を寝かせておむつ替えできる場所、おむつ・着替えの棚（保護者が準備しやすいパススルー方式も有用）があると良い（図1）。また、低年齢児では沐浴スペースを設ける園が多いが、排便で汚れた場合等は小浴槽とシャワーのみでも充分である。1人で排便できる年齢でも、おもらし等の失敗をなくすため、活動拠点から遠方にせず、トイレの分散配置を心掛けたい。また、クラス単位でトイレに行く保育方針の場合は待つための場所が必要となる。手洗いの位置は排便、食事、園庭から保育室の動線等を勘案し、分散配置を基本としたい。

●図書室・図書コーナーの計画

専用室やコーナーが想定される。専用の図書室では、書架と閲覧スペースを設け、保護者への貸与や親子の読み聞かせを想定した場が設定される。地域に開放する事例もみられる（図2）。図書室外に読書スペースを設けて活動範囲を広げる事例もある（図3）。図書コーナーは、大きな空間に絵本・書籍棚を設置することが多いが、例えば床レベルを1段下げることで、中に入り座るとまわりを気にせず読書に集中でき、立ち上がると周囲が見渡せるような工夫も有効である（図4）。

●収納・倉庫の計画

保育施設で保管する物品は、運動会等、年に一度のイベントで使用するものから、日常的に使用するものまで幅広く、量が多い。物品の量を的確に把握し、収納できる倉庫を計画することは、地味で手間がかかる作業だが、保育の質を担保し、安全な保育環境をつくりだすうえで重要だ。例えば、遊戯室に隣接して30m²の倉庫を設けている事例では、事前の詳細な物品調査に基づき、収納棚の高さや奥行の寸法を適切に設定した収納スペースを確保している。その結果、廊下やテラスに不要な物品があふれることなく、園児がのびのびと遊べる環境をつくりだすことに貢献している（図5）。

図2 地域にも開放された図書室（川和保育園）

図3 図書室前の絵本棚とベンチ（富士文化幼稚園）

図4 床レベルの低い図書コーナー（みどりの保育園／撮影：浅川敏）

図5 十分な収納量の倉庫（狭山ひかり幼稚園／撮影：安宅研太郎）

図6 園児の寸法に適した階段（みどりの保育園）

図7 舞台となる大階段（ゆうゆうのもり幼保園）

● 廊下・階段の計画

　廊下や階段は、安全性や使いやすさに配慮して、園児の身体スケールに適した計画とする。例えば、幅360mm、蹴上150mm、踏面200mmの階段は、4〜5歳児が1人で安全に昇降できるよう設計されている。なお、これはロフトへの階段で、建築基準法上の階段ではないことに留意されたい（図6）。さらに、廊下や階段は移動のための空間としてだけでなく、幅員や仕上げを工夫することで、交流や活動の空間となる。特に階段は、吹抜を介したダイナミックな空間構成により、計画上のポイントとなりうる。例えば、幅4.3m、蹴上150mm、踏面250mmと広くゆったりした階段は、発表会の舞台や観客席としても活用されている（図7）。

● 管理諸室の計画

　職員室は、登園時に園児や保護者の様子を伺えるようアプローチ付近に配置する。これは業者等の来訪者への対応という点でも有効だ。保育日誌の作成等の事務作業を効率的に行えるよう適切な高さの机や照明を備えたい。

　保健室／医務室は、職員室と兼ねることが多いが、体調が悪い園児を見守る点でも望ましい方法といえるだろう。

● 子育て支援センターの計画

　子育て支援センターは、親子同士の交流、子育てに関わる相談、情報提供、講習会等が行われ、近年、保育施設以外にも様々な施設の一角に設けられている。園内に設ける場合、未就園児親子にとっての来園のしやすさとともに、園児の活動を妨げない配慮が必要となる。例えば園児とのアプローチ分離、低年齢の在園児も活用可能な設え、延長保育室や遊戯室の一角との兼用等、園の実情に応じて計画したい。

● 保育者視点にもとづく計画上の留意点

　従来、保育施設の計画は、園児の活動を担保するに留ま

図8 大人の目線の高さに設けられた飾り窓（まちの保育園 六本木）

図9 お迎えにきた保護者のためのスペース（ゆうゆうのもり幼保園）

り、保育者が過ごす場所として十分に検討されてこなかった。しかし近年では、保育者が心地よく働ける環境が保障されてこそ、質の高い保育を実現できるという考え方にもとづいて計画される事例も少なくない。例えば、保育者の居場所として、職員室だけでなく、保育空間から隔離された休憩室等を別途設ける、保育者の椅子は園児用の小さな椅子ではなく、大人の身体寸法に適した椅子を用意する等の事例がみられる。また、大人の目線から見える室内環境の設えも重要と考え、高い位置に飾り窓を設け、飾りは担当保育士の好みに任せる等の試みもみられる（図8）。

● 保護者視点にもとづく計画上の留意点

　保護者は、送迎の際に保育施設に関わる。送る場合は、受け渡しがスムーズに行えるよう準備室を設けることも有効である。保育室側とアプローチ側の双方から利用できる荷物棚を設け、保育室内に入らずに準備できるよう配慮した事例もみられる。迎える場合は、かつては早く帰宅して家庭での時間を大切にする方針の園が多かったが、近年では、保護者とのコミュニケーションを重視し、園内に保護者のための居場所を設けたり、コーヒーを飲みながら会話をする機会をつくりだしている事例もみられる（図9）。

　さらに、昨今課題となっている孤独な子育てを乗り越えるうえで、深刻な相談がされる場合も想定し、他者からの視線に配慮した室・コーナー設置も必要性が高い。

2-06 コーナー計画

山田恵美
東京家政大学家政学部児童教育学科 講師

図1 1歳児ままごとコーナー（大田区東糀谷保育園）。当初は左下の通路側を向いていた調理台を奥の壁向きにしたことで、子どもが落ち着いて遊べるようになった。なお、コーナーの外との視覚的つながりは保持している

●遊びコーナーの意義

コーナーとは、広い保育室のなかで個々の活動や居心地を確保するために、段差やくぼみ、小さな家具や布で仕切ったスペースのことである。遊びのコーナーを設定する意義は大きく分けて2つ挙げられる。

1）主体的な遊びを十分に保証する

落ち着いて遊びに没頭できる環境を用意することは、遊びのなかで周りへの配慮を学ぶことと同様に大切である。コーナーを設定することで、ほかの遊びの動線とぶつかる等して、不用意に遊びが壊れるのを防ぐことができる。

また、特に年齢の低い子どもや、遊びを発想することが得意でない子どもにとっては、コーナーとして遊びの選択肢が存在することで、やってみたいと思う遊びを自ら決定することができる。

さらに、コーナーに作品等を取り置くことができると、子どもにとって足りなかった遊び時間を昼食後や翌日につなげることが可能となる。つまり、遊びを大人が決めた時間で終わらせるのではなく、繰り返し挑戦したり関わったり、作品の「完成」を子ども自身が決めることを保証できる。

2）集団保育のなかでの拠り所となる

2歳児くらいまでは子どもにとって保育者の存在が非常に重要であるが、コーナーを設定することで保育者との密な関わりが持ちやすくなる。3歳児以降は遊びを介して友達を意識するようになり、4～5歳児になると何をして遊ぶかよりも誰と遊ぶかが重要になってくる。この時期、仲良しの友達が当番をしている間や、欠席をした日等には、コーナーは1人でも過ごせる拠り所としての役割も果たす。また、集団が苦手な子どもにとって、コーナーは好きな遊びに没頭できる居場所にもなり、その遊びを一緒にするうちに気の合う友達ができることもある。

保育のなかでは叱ったり慰めたりするなど、集団の前ではなく1対1や少人数で対応する方がふさわしい場面もあるが、そのような時にも仕切られたコーナーは有用である。

●コーナー設定のポイント

コーナーは遊びの種類によって留意点が異なるが、多くのコーナーに共通して重要と思われるポイントがある。

1）空間的な独立性の確保

落ち着いて遊べることが求められるコーナーは、家具や壁で囲まれた空間が望ましい。特に3歳児以下は室内のどこでも空いている場所で遊び出し、没頭すると周りが見えなくなることも多い。また年齢が上がると器用になる分、積み木等の作品も大作になり、スペースがあるだけ広がってしまいかねない。そのため、空間を仕切って遊びを守ってやることが無用ないざこざを防ぐことにもつながる。

2）広すぎない空間単位の設定

特に3歳児以上の子どもは活発に動き回れるため、コーナーが広すぎると遊びと関係のない通過動線・回遊動線が入り込む余地が生まれる。こうした動線が生じると、コーナーの空間的な独立性の意味は半減してしまう。空間単位の目安としては、畳2畳分あれば十分[1]である。

3）コーナーの外との視覚的つながり

コーナーの外から実際に遊んでいる様子や絵本やおもちゃ、素材等が見えることで、どのような遊びのコーナーであるかが視覚的にとらえやすいことは、遊びを選ぶうえで大きな魅力になる。さらに4～5歳児は、別のことをしている友達をコーナーで遊びながら待つこともあり、外の様子が座ったまま見えるような視線の計画も大切である。

一方で、低年齢の子どもほど目に留まったものに気持ちが移りやすいため、コーナーの外が見える高さの家具と見えない高さの家具の配置が重要なポイントとなる（図1）。

●フレキシブルなコーナー計画

独立性の確保が重要な一方で、遊び方によっては拡張性がある方がよい場合もある。幼児は概ね6人以下で遊ぶことが多い[1]。しかし製作等は、話をしながらでも多くは自分の作品を作っており、1人当たりの必要面積はほぼ一定であるため、保育者は様子を見ながらテーブルを増やして人数の増加に対応することも多い。また、複数の遊びが融合することもあるので、こうした状況に対応できる、ゆるやかにコーナーをつなぐようなスペースがあるとよい。

さらに4～5歳児になると仲間でイメージを共有して遊ぶようになり、時には1～2ヵ月にわたりごっこ遊びの拠り所となる空間を、自分達でつくるようになる。その間、この拠点を維持できるよう、できれば安定した壁際にスペースが確保できるとよい。しかし壁にロッカーが造りつけられているとその面はコーナーを設けづらくなるので、設計の段階からある程度のコーナー計画を想定しておくことが必要だろう。

［参考文献］
1) 山田恵美・佐藤将之・山田あすか「自由遊びにおける園児の活動規模と遊びの種類およびコーナーの型に関する研究」『日本建築学会計画系論文集』2009、pp.549-557

2-07 園庭の計画

中津秀之
関東学院大学建築・環境学部 建築・環境学科 准教授、サイトワークス 主宰

● 保育園と幼稚園とこども園の外遊び環境

保育園と幼稚園に加え、2006年に「認定こども園」という制度がスタートした事で、園庭の設計は非常に複雑になってしまった。詳しくはI-02（pp.10-12）を参照いただくとして、「保育空間」と「教育空間」の2つの目的を同時に求められるようになったのである。

子ども一人ひとりの心の拠りどころとなる小さな空間と、集団で規律正しく協調性を養う大きな空間をどうやって化学反応させるべきか。今、園庭設計の新たな教科書が求められているのである。以下、園庭を設計する時の「作法（考え方）」と「手法（技術）」に分けて説明したうえで、「実務」について解説したい。

● 園庭創造の《作法》

1) 遊びの本質「プレイ・バリュー」

園庭を設計する時に最も重要な作法は、子どもの「プレイ・バリュー（遊びの価値）」を理解することである。子どもが、これからの人生において直面するであろう様々な困難を乗り越えるために最も重要な力を「生きる力」と呼ぶ。この力を蓄えるために重要なのが遊びの「時間」と「空間」である。子どもは遊びを通して人生の「生きる力」を身につけるので、園庭設計者は遊びの価値を深く理解した上で、多様な遊びとの出会いを設計しなければならない。

子どもは生まれた時から「遊び」を始める。自分が何かに働きかけるとどう反応するかの「確認」が遊びの基本である。自分（正確には脳）が何かに興味を持つことが「遊び」のスタートである。つまり遊びのエンジンは「好奇心」なのである。子どもは興味を持った「対象」に向かって自発的に「目的」を決め、自分で「トライ」して「失敗」する。そして試行錯誤するうちにいつか「成功」する。その「達成感」を成功体験として積み重ねることで成長するのである。この機会のための「空間」を創出することが園庭設計の目的である。

遊びが「楽しい」と思うのは大人の視点である。園庭で黙々と土を掘って水の流れを作ろうとしている子どもの顔を見たことがあるだろうか。そんな時に笑っている子どもは1人もいない。みんな、これ以上ない真剣な眼差しで自分の手作業とその結果を見つめている。これが「遊び」である。もちろん遊びを通して社会性を身につける事は重要ではあるが、園庭で遊ぶ最年少の子どもたちの遊びは、常に「ひとり」で「好きな場所」で「好きな時間」に「好きなだけ」、環境に働きかけようとする。そのための空間が園庭に求められているのである。そして園庭の設計プロセスで様々な障害に直面した時、常に立ち戻るべきフレーズが「プレイ・バリュー」である。

2) 「危険」と向き合う

誤解を恐れずに言うと、「危険が子どもを育てる」というフレーズが、園庭設計における2つ目の作法である。遊び場における危険を「リスク」と「ハザード」に分けて説明したのは、ニューヨーク大学のフランシス・ウォーレック教授である。米国で最初に遊具の安全基準となったCPSC（U. S. Consumer Product Safety Commission）が制定された1981年に、「予測できる危険（リスク）」と「予測できない危険（ハザード）」を明確にした上で、「リスク」は子どものチャレンジを促す重要な要素であると認める一方、遊具から「ハザード」を除去するための基準が議論された。1990年代に入り、この考え方は日本にも紹介され、多くの専門家が知ることとなったが、重要な部分が議論されずに今まできた。それは、リスクとハザードの境界線には、個人差があるということだ。そしてその境界線は、年齢で区切ることのできるような単純な問題ではない。A君にとっての「リスク」がB君にとっての「ハザード」となる事実をどう考えて園庭の魅力を深めるかが園庭設計の究極の課題でもある。園庭設計者は、時には「危険」に見える遊び環境を積極的に提供することで、遊びの価値を高める園庭づくりに取り組むべきである。

3) 子どもの「遊び」と大人の「役割り」

昨今、父母や保育者が中心となり、設計者に相談しながら園庭空間を改造する事例が増えている。これは、現場の保育者たちの強い支援となり、子どもたちの遊びを多くの大人が見守るキッカケにもなっている。園庭の設計者も設計して終わりではなく、保育者や親とコラボレーションすることで、その園における子どもの特性に合った園庭の在り方を継続的に模索することが可能となり、園庭が生きた空間となるのである。

● 園庭創造の《手法》

園庭の設計は、上述の「作法」を理解していれば、存分に独自の設計手腕を発揮して、子どもたちの創造力を爆発させる園庭が設計できるものと確信してはいるが、絶対に外してはならないポイントを少しだけ列挙してみたい。

1) 完成させない

園庭の設計は、「完成させない」のがキモである。園庭という「キャンバス」に絵を描くのは子どもたちなので、絵を描きたくなるようなキャンバスを、子どもたちに手渡すことが園庭設計の仕事である。時間や季節や年齢や状況に合わせて、空間が常に変化し続けるのが素晴らしい園庭だと考えるべきだし、可能な限り、設計者も保育者や父母と一緒に園庭の成長を見守る役割を担って欲しい。

ただし大型重機が必要となる、地形改変や高木植樹というような、空間の基盤となる重要な工事は完了させておく必要がある。もちろん樹木等の自然環境は、時間と共に成熟し思い出と共にその姿を進化させるが、園庭を改造する作業自体が子どもたちの思い出となるように、作業をイベ

ント化したいものである。更に気をつけたいのはメンテナンス用の動線確保である。特に砂の補充経路として、軽トラックが園庭に進入する経路は確認しておきたい事項である。

2) 地域と保育をつなぐ園庭

しかしプロの設計者として、決めるべき要点はもちろんある。まず重要なのは、園外との接点である接道部の設計である。周辺の交通環境や社会環境によって考え方は千差万別ではあるが、園に接している道路の交通量の大小で接道部の設計が決まると言っても過言ではない。またどのような交通手段で登園するか、通園バスか自転車か自家用車送迎か、という園の内的事情もあれば、周辺住民との関係は良好かといった園の外的な社会環境についても注意が必要である。もちろん子どもたちの安全が重視される空間設計が必要ではあるが、子どもに関する施設の建設を通して、「地域が子どもを育む」機運を創出する事も検討したいものだ。そのためには、設計プロセスを積極的に近隣に公開するとともに、ワークショップ等の小さなイベントを通して、園庭設計に参画して貰うことも検討すべきかもしれない。安全管理上、立ち入り禁止装置によりセキュリティを強化せざるを得ないエリアも存在するが、むしろ近隣住民の視線や活動を誘引することで安全を確保するという考え方を重視したい。

もう1点重要なのは、園舎の外壁周辺の空間の設計である。建築設計者と園庭設計者のどちらもがおざなりにしがちな注意空間でもある。玄関まわり、窓の周辺、職員たちの通用口等、出入りする建築の開口部周辺の設計は、子どもたちの安全だけでなく、利用勝手や保健衛生上、非常に重要である。特に洗濯物を干したり、食材の一時保管や、廃棄直前の壊れた玩具が放置されたり、様々な物品の倉庫や送り迎えの自転車やらが所狭しと置かれている上に、業者トラックの搬入経路と子どもの通園動線が近接したり重なったりしてしまうこともあるので注意が必要だ。もちろん設計者は、開園後の状況を予測して設計してはいるが、保育者でも予測できない事態は起こりうるのが、この外壁周辺の環境事情なのである。

また、建物内に直射する夏の日照を窓の外でどのように遮蔽するかも重要となる。もちろん、落葉樹を植栽するスペースがあれば問題はないが、そのスペースが確保できない場合はスダレ等の遮蔽物が必要であるし、壁面の近接エリアは、組み立て式プール等を使った水遊びスペースとなったり、乳児の常設遊びスペースとなる事が多いため、日照遮蔽の検討は建築設計者と綿密に協議して決めるべきである。また同時に、降園時の保護者の待機スペースの日照状況も検討しておくべきであろう。

園庭は、園の外(地域社会)と園の中(保育空間)をつなぐ重要な空間であるという事を理解して、空間だけでなく、社会の仕組みをもデザインする意識を持つ必要がある。

3) 対になる言葉を追いかける

園庭を設計する時は、「対立概念」の追求がヒントとなる事が多い。例えば「個人と集団」「年少と年長」「動的と静的」「人工と自然」「遊びと学び」「硬いと柔らかい」「常緑樹と落葉樹」「日溜りと日陰」等々、無限ループ的に対となる言葉をリストアップして脳内整理することから始めたい。通常、ランドスケープ設計の教科書では、それらの項目を整理整頓し、外部空間の「ゾーニング」から設計をスタートさせる事が常識となっているが、園庭の設計はそこからが難しい。なぜなら、様々な対概念のせめぎ合う「境界エリア」こそが、子どもの成長にとって重要な空間であり、子どもたちの刺激を生み出す貴重な潜在空間として注意深く設計すべきなのである。全ては「境界で起きる」のである。

愛される園庭となるためには、様々な困難が待ち受けているだろうが、重要なのは、保育者を中心としながらも、保護者と地域の大人が子どもを育てるための「場」としての意識を共有する事だと信じて、常に試行錯誤し続け、その地に根を張った園庭を目指してほしい。

●園庭創造の《実務》

図1は、こども園として開園した直後の園庭であるが、通常の幼稚園の設置基準に準じて園庭を計画したため、中央には駆けっこスペースとして広場を確保し、外周部分に静的な遊びが展開されている。様々な議論の後、冒険遊び場的な空間に改造する事になり、園庭奥側に土のマウンドを造成し、右側には砂場や静的な遊びを誘発する空間を計画した。ここまでは、プロの建設業者の施工である(図2)。

その後、保護者と毎月「園庭改造ワークショップ」を企画し(図3)、他園を見学したり、専門家を呼んで勉強会を開催することで、試行錯誤を繰り返し、継続的に少しずつ改造を重ねている。その結果、保育者や父親の多くは、電動工具だけでなく、チェーンソーで丸太を切り刻む技術をも身に着け、自分の子どもに羨望の眼差しを向けられる事で、父親自身のプライドにも繋がっている。また通常、父子で参加するため、土曜の午前中は、母にとって週末の休息時間にもなっていると聞く。作業後、父親たちが自作のピザ窯で昼食を準備できた頃に母親が園庭に駆けつけ、家族同士の休日のひとときを過ごしている(図4)。

家族全員が「楽しい」と感じる事のできる活動を継続的に実施することで園庭は成長すると日々感じている。

図1 開園当初のこども園の園庭　図2 冒険遊び場的に改造された園庭

図3 保護者との「園庭改造WS」　図4 成長し続ける園庭

2-08 遊具の計画

安中圭三
コト葉 LAB. 代表

● 遊具の役割

遊具を計画する上で、まず考えるべきことは、その園その場所での「遊具が持つ役割」である。

保育施設での遊具は、不特定多数の人が集まる公園の遊具とは異なり、乳幼児期の子どもたちが日々の生活のなかで「ねらい」を持ち、時間を費やし、昨日の続きが積み重ねできる様、遊びを通じて継続的な育みをもたらす計画が必要となる。つまり、
・「遊具がある事によって、子どもの何を育むのか？」
・「遊具がどこで、どのように遊びに活用されていくのか？」
を考えなければならない。

そういう意味でも、遊具を、それが設置される総合的な環境計画のなかで考えていく必要がある。

● そもそも、遊具が必要か？

そもそも遊具が必要か？というところから考えるべきだろう。かつて、幼稚園設置基準（1956）第十条にて、幼稚園には「必要な種類及び数の園具及び教具を備えなければならない」として、滑り台、ブランコ、砂遊び場といった具体的な遊具の設置が義務となり、認可される必須条件となっていた時代があった。これが、後々まで園庭に必要な遊具と言われるようになっていったのだが、認可に必要なために設置され続けた遊具が、何故必要とされてきたのか？という点については深く話されてはこなかった。遊具を計画する際に、その役割を考える事は、その園が目指すべき保育のねらいを見直すとともに、遊具が持つ意味や効果を再度考える事にもつながる。また、それと同時に、その遊具が置かれている周辺との遊びの関連性を考える事で、現状の環境としての在り方を再考する機会になる。

図1　遊び環境の連関図（砂場の場合）

● 遊具のつながりを環境としてデザインする

さて、園で遊具環境を見直していく際に、遊具とその周辺環境が連鎖し、広がる様子を連関図として示す（図1。例として、ここでは砂場を中心とした）。

この図は結論を見出すためのものではなく、環境の関連性を見つめ直すことで、遊びを中心とした環境的な広がりや可能性を顕在化させることを目的としている。

● 安全への配慮

保育施設における遊具を設計していく上では保育者からの見通しが効く視野の確保が求められる。特に保育者の目線の高さである1.5m付近からの見通しが確保できるよう心がける。また、落下に備え、床に緩衝材料を施す等の対処も検討する必要がある。そのほか、一般に公開されている遊具の安全基準注1)等には、指の挟み込み防止寸法や、子どもの頭が入って抜けなくなる寸法等々、詳細まで細かく設計基準が示されている。

● 素材について

遊具の素材は、子どもが日常的に触れるものである事を考慮しなければならない。この事から筆者は子どもの肌が触れる箇所にはできる限り自然素材を使用する様にしている。

当然の事だが、自然素材である木製遊具は紫外線等の影響から屋外で経年劣化していく。自然素材である以上、朽ちることも「物」のあるべき姿であり、幼児期においては、それが1つの「学び」にもつながる事を園には伝えつつ、自然の素材を推奨していくのであるが、園からしてみれば、素材の耐久性を高めていきたいと思うのは、当然の考えでもある。そこで、筆者は耐久性を高める事を目的として、子どもの手が触れる箇所には可能な限り自然素材を使用し、耐久性を高めたい箇所等には二次的に鉄等の工業製品や新建材等の人工的な製品を用いるようにしている。

●「多様性のなかで育まれる」遊具であるために

そもそも遊びとは、決まりきった結論や結果を求める事なく、子ども一人ひとりにとっての正解をつくり出す事が醍醐味でもある。

そのために遊具は「イメージを限定しない事」「遊び方を限定しない事」そして「遊具単体で完結しない事」が重要である。「遊具」＝「環境を通じた学びの施設」としての役割を持ち、そこでは「子どもの主体性」が発揮される存在でなくてはならない。そのためには「選択肢の多さ」や、子どもの主体性の邪魔にならないよう、スペースを緩やかに広げる等、「大人によって、つくられ過ぎていない部分」の在り方が、保育施設の遊具を計画していく上で、極めて重要である。

● 遊びを誘発するきっかけ／思い出に残る環境づくり

以下に、神奈川県にある保育園注2)で実際に行った遊具計画のデザインプロセスを一例として示す。

1) ヒアリング：「経験を引き継ぐ」（図2）

保育のなかで大切にしている事や、園のスタッフが、子どもの頃に経験した事、子どもにして欲しい経験等を中心にヒアリングを行う。

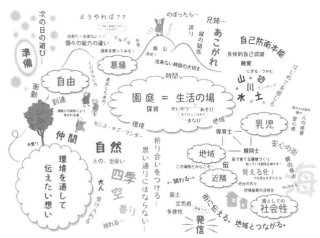

図2　ヒアリング言語化図

2) プランニング（図3）

スタッフとの話合いを繰り返し、プランを詰めていく。

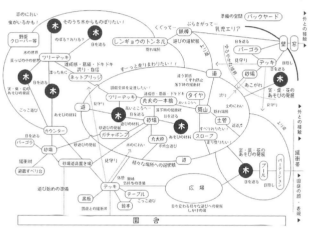

図3　プランニングとの相関関係を言語化した連関図

3) プランの決定（図4）

図4　決定したプラン

4) 工事：「工事の過程を子どもの経験にする」（図5）

買って、置いて終わる製品ではなく、環境を「つくる」プロセスを子どもの学びにする。

図5　工事の過程を見せる

5) 参加：「子どもも、つくる工程に参加する」（図6）

図6　工程に参加する

6) 完成：「保護者にも実際に体験してもらう」（図7）

実際にどのような環境で子どもが育っていくのかを保護者に体験してもらう事で「保育観の共有」を図る。

図7　お披露目会。父母にも理解してもらう

● 専門家の視点

保育施設環境での遊具の設計は「物」ができて終わりではない。そこで使う子どもの遊びや生活、保育を通じて見えてくる事等、その後の生活を経てから、多くの「事」が表れてくる。保育環境をつくり出すという事は、人的環境と物的環境が合わさって、初めて環境として成立する。

保育環境を計画する上では、保育士、建築士、遊具や造園の専門家、各々の専門領域を横断して全体の環境を考えていく視点を持ち得る事、或いは、持ち得ている人の存在が不可欠である。

● 保育は変わる

園舎新設当初は、あまり深く考えずに、ひとまず既製品の遊具を買って入れておく場合が多い。しかしながら、それが継続的に保育観と合致するのであればよいが、当初考えていた保育観は時間の経過とともに変わって行く事が多い。そこで、遊具の計画については、計画の全体ビジョンは持ちつつ予算配分的な事も考慮し、運営当初は最小限に抑えながら、時間をかけ、その園ならではの環境になっていく様、数期に渡って環境をつくりだしていく事を勧めている。

保育は、子ども一人ひとりに対して丁寧な関わりが求められる。その周囲にある環境もまた、一つひとつ意味を持って、丁寧につくり上げていく必要があるのではないだろうか？

注1）一般社団法人日本公園施設業協会『遊具の安全に関する基準 JPFA-SP-S:2014』2014
注2）参考園：社会福祉法人松が丘保育園

2-09 音環境の計画

上野佳奈子
明治大学理工学部建築学科 教授

図1 吸音材を使用したコーナーづくりの例。（左）仕切りや上部に吸音材を取り付けると、音声の明瞭性が向上し、読み聞かせの表現の幅が広がるといった効果も期待できる。（右）吸音材で囲った1人用の小空間は、騒がしさから逃れたいとき、気持ちが不安定なときなどの退避場所として、また聴覚過敏の子どもにとっての逃げ場として、有効である

● 保育室の音環境

保育室の音環境計画は、音声の聴取環境を整え、喧騒感を抑制する役割をもつ。喧騒感の抑制は、発声の負荷を軽減するとともに、落ち着きのある環境づくりを助ける。しかしながら、実際の建設・運用においては、音環境の配慮がなされることは少ない。自由遊びや食事時間等、自由な発声を伴う活動中は、70～90 dBという高い騒音レベルとなり、騒がしい騒音環境、低い音声明瞭度という2つの問題が生じやすい。声が届かないために大声を出す、それにより騒がしさが増す、喉を傷める、耳が痛い、なんだか疲れる、といった状況が頻発しているのが現状である。

乳幼児にとって、音環境はどのような意味をもつのだろうか。音声言語の獲得の面では、乳児期に母語獲得に必要な言語音知覚の基礎を獲得し、幼児期は言語の音素体系に基づいた音の知覚と生成を徐々に完成させていくため、騒音や残響過多の影響を受けやすい。また、乳幼児期は周囲の環境音から音情報を抽出して理解する聴覚スキルも未熟な段階にある。加えて、騒がしい騒音環境は、子ども・保育者の双方にとって聴覚保護や精神衛生（ストレス）の観点でも問題となりうる。特定の音・大きな音が苦手な聴覚過敏をもつ子どもも一定数おり、騒がしさが不適応行動やパニックの原因となることもある。また、睡眠の質は免疫力に影響するとも言われており、午睡時には静穏な環境が望まれる。良好な音環境の確保は、きわめて重要といえる。

保育施設にふさわしい音環境については、まず室内騒音として、一般的な保育室や遊戯室では40 dB、午睡を行う室では35 dBが推奨される。また室の響きは、125 m³程度の保育室では残響時間0.4秒（平均吸音率0.25）という短めの響きが推奨される。これらは、学校の普通教室と同等もしくは1ランク高い性能であり、学校施設を対象とする規準[1]の改訂版に記載される予定である。

● 設計上の留意点

1）周辺環境に応じた対策

保育施設の計画にあたり、まずは周辺環境に応じた遮音計画を行う。周囲の騒音源を把握し、室内に静穏な環境を保つための騒音防止策を検討する。鉄道の高架下等、騒音・振動源が近接する場合には、振動や固体伝搬音対策も必要となる。一方、周辺が静かな住宅地では、保育施設から発生する音が近隣地域への騒音源となる危険性がある。防音塀の効果は限られており、建物をL字型やロの字型にして園庭を囲う等、施設配置を工夫することが望ましい。複合ビル内の保育室では、下階に伝わる子どもの足音が問題になることもあり、床衝撃音遮断性能の確保が求められる。

2）施設内の遮音計画

施設内部の計画では、隣接する室で発生する音が相互の妨害になることを防ぐ。近年は、異年齢保育のため3～5歳児を同室で保育するケースや、テナントビルの利用により棚や柵で簡易に仕切った連続空間で保育を行うケースも多いが、様々な活動で発生する音が混じり合い、音環境としては不利だと認識する必要がある。少なくとも乳児室は、遮音性能のある壁で仕切ることが望まれる。

3）室内の響きの調整

室内では、天井に吸音材料を使用することが必須である。子どもの声のパワーが卓越する1～2 kHzの吸音率は、グラスウールで0.8前後、岩綿吸音板で0.6前後、有孔板で0.2～0.7（開孔率や背後条件により異なる）で、材料の吸音率に応じて必要面積を算定する。天井高が高い場合には響きが長くなりやすく、壁の一部等に吸音部位を足す必要がある。建築仕上げによる吸音が不足する場合、午睡用の布団や子どもの持ち物が吸音するため、室内に置き場所を設えることも有効である。また、円形・楕円形の室形状、凹曲面の壁面は、エコー等の音響障害の防止策が求められる。

● 運用時にできる工夫

保育室内の音環境は、保育者や子どもたちが発生する音によって形成されるもので、運用時の利用者の意識によっても大きく異なる[注1]。場面に応じた声量の調整は騒がしさの抑制に効果があり、近年では、声の大きさ（室内の騒音レベル）に応じて、設定した絵を表示するiPadアプリも提供されている。子どもたちが自らの出す音を客観的に把握するためのツールとして使用できる。

コーナー保育を行う場合には、落ち着きを保ちたい場所（くつろぎコーナー、絵本コーナー等）と騒がしくなりやすい場所の隣接を避けることが重要である。コーナーや室内遊具の内部に吸音材を設置することで、局所的に静かな場所をつくることもできる（図1）。音の面から保育環境を見直し、整えることは、保育のしやすさや過ごしやすさに大きく寄与することを知っておきたい。

注1) 保育者の丁寧な声がけを重視してカウンセリング講習を導入したり、ワークショップを行う等、意識づけの機会を設けている園もあり、音環境に意識を向ける機会を設けることの効果が確認されている。

[参考文献]
1) 日本建築学会編『学校施設の音環境保全規準・設計指針』2008

2-10 温熱環境の計画

青木 哲
岐阜工業高等専門学校建築学科 教授

●温度・湿度環境の基準

幼稚園（幼稚園型認定こども園を含む）に関しては、「学校環境衛生基準」（文部科学省）[1]のなかで、望ましい保育室の温度・湿度環境等が定められている（表1）。この温度内を確保するためには、暖房のみならず、冷房の設置も必須である。なお、幼保連携型認定こども園に関しても、この基準を準用することと規定されており、この基準を目標値とすることになる。

一方、保育施設に関しては「保育所保育指針」のなかで、施設の温度、湿度、換気等の環境を常に適切な状態に保持すると示されているものの、具体的な値は表記されていない。そのため設計の際には、「建築物環境衛生管理基準」（厚生労働省）を参考にすることを推奨したい。学校環境衛生基準よりもやや厳しい基準値（温度17〜28℃、湿度40〜70%他）の項目があるが、特定建築物以外であっても、多数の者が使用、利用するものについては、この管理基準に従って維持管理するように努めなければならないとしており、この値を冷暖房能力の目安とすると良いだろう。

●室内温度・湿度の調整

実態はどうだろうか。筆者が保育施設の園長等を対象としたアンケート調査[2]では、保育室の温度・湿度の調整は、多くの場合で現場の保育者に判断を委ねていることがわかっており、その調整の仕方で大きく異なる場合もみられる。

温度調整は、保育者が冷房・暖房器具の使用で比較的容易にできるものの、天井が高く、上下温度差が生じやすい空間では、保育者と床面に近い園児とでは感じ方が異なる可能性があることに注意したい。なお、床暖房の設置は冬季に上下温度分布を小さくするのに有効である。

一方、湿度調整に関しては、冬季の乾燥が問題になることが多い。また、保育者による窓開け換気等が湿度に大きな影響を及ぼしていることがわかっている。加湿器や空気清浄機を所有する園は2009年の新型インフルエンザ流行以降に増加し、地域差はあるものの6〜8割ほどにも上っており、施主の空気清浄や加湿に関する要望も、ヒアリングで把握しておきたい。要望が強ければ、あらかじめそれら機能を有した設備機器を導入する手法も考えられる。

●開口部の設け方

通風・換気のための開口部は、地域の卓越風を活かした平面計画、さらには温度差換気を意識した断面設計が理想的である。しかし、地球温暖化や騒音の問題もあり、通風の活用が実際には困難な場合も多い。また、「自然光あふれる園舎」の要望に応じて、広い開口部、天窓、頂側窓等を多く備えると、夏季の強い日差しに悩まされることになる。なお保育室においては、嘔吐物等の処理時あるいは感染症対策に配慮して、きちんと開けられる窓の設置がよい。

●暑さ対策

軒を備えたデザインは日射遮へいに有効であるが、軒が深すぎると自然光を不足させるため、夏至から9月下旬までの太陽位置を考慮した上でその深さを決定するとよい。

園庭における暑さ対策としては、遊具や植栽による陰を有効に活用したい。ただし、植栽は成長に時間を有するため、日よけネットが取り付けられる場所として、パーゴラの設置や、単にワイヤーを張っておく方法も考えられる。

●省エネルギー対策

日本政府が進める温室効果ガス削減目標の達成に向けて、国土交通省は園舎の省エネルギー基準への適合を2020年以降義務付ける方針を示している。その方向性としては、①建物の断熱化、②省エネルギー型の空調設備（エアコン）の設置、③断熱性・日射遮へい性能の高いガラスの使用、④自然通風の活用、⑤再生エネルギー（太陽光等）の活用である。これらの条件が整った園舎は、子どもたちの環境教育の教材として大いに役立つ可能性がある。

しかし、ここで注意したいのが、現場の保育者は建築について素人であるということである。省エネルギー性の高い新しい建具や設備を使いこなす術は、ほとんど知らないと考えた方がよい。例えば、園庭と接する面に高断熱性のペアガラス扉を使うと、扉の重量は重くなり開閉が行いにくいという不満が出る。また、全熱交換器を有する換気システムを導入しても、保育者にとっては自動・全熱交換・普通換気のモードの意味がわからず、効果的に使用されなかったり、窓開け換気に頼ってしまったりすることが多い。その場合、せっかくの省エネルギー性能も発揮できなくなってしまう。

保育室の温熱環境は、保育者がどのように建物や設備を使うかで大幅に変わるため、竣工後にワークショップ等を開催し、建物の概要や設備機器の活用の仕方等、設計意図を現場の保育者に理解いただくことが重要である。さらには、将来的にもその情報が保育者に引き継いでいけるようなしかけがあれば、理想的である。

[参考文献]
1) 文部科学省『学校環境衛生管理マニュアル「学校環境衛生基準」の理論と実践［平成30年度改訂版］』日本学校保健会、2018
2) 青木哲「幼稚園・保育所における冬季室内環境調整に関するアンケート調査」『日本保育学会第68回大会発表要旨集』2015, p.59

表1 学校環境衛生基準（一部抜粋）[1]

検査項目	学校環境衛生基準
温度	17℃以上、28℃以下であることが望ましい
相対湿度	30%以上、80%以下であることが望ましい
換気（二酸化炭素）	1500ppm以下であることが望ましい
一酸化炭素	10ppm以下であること
二酸化窒素	0.06ppm以下であることが望ましい
気流	0.5m/秒以下であることが望ましい

2-11 照明計画

角舘まさひで
照明家、東京都市大学工学部 客員教授、ぼんぼり光環境計画 代表

子どもたちの「空間認知力」を育むことは様々な学習への興味を上げる効果がある。

● 空間的思考＝空間能力（認知的側面）＋幾何学的思考[1]

照明計画のコンセプトとして「何かを発見するあかり」を配置するように常に意識している（図1）。今までの画一的な施設照明を排除し、子どもたちが移動する空間毎に、その場の性能、行為を満足させる照明環境を計画する。保育室からの視線誘導を促進させるために中庭等視線が抜ける先には照明を設置する。吹き抜け等、見上げたり見下ろしたり視点が移動するときには、照明取付高さによって変化を付けると、空間に発見が生まれる（図2）。廊下は自分がどこにいてどこへ行けるかを示すサイン的なあかりを配置する（図3）。トイレは排泄することができればよいが、一般的なトイレと違う点として、保育者が子どもたちのウンチを観察し健康状態をチェックするためのある程度の照度は必要とされる（図4）。子どもたちの隠れ家的な場所には特別なあかりの演出があってもよいかもしれない（図5）。都市部には自然光が入りにくいビルトインタイプの施設が多いのが現状であり、サーカディアンリズム（体内時計）を整えるためにも自然光の影響を考慮した照明制御も行う事が大事である。

このように子どもたちの行為を考慮した照明性能計画を進めることによって各場の発見へとつながる。モンテッソーリ教育のように理念の特徴を強調することも重要ではあるが、あくまでも保育者が運営管理しやすい制御の仕組みを基本とし、極力簡易にすることも必要である。

保育施設はその子にとっての大事な記憶の場となる。そのため、夜間の外観の見え方も大事にしている。ライトアップ、演出照明の位置づけから地域の安心安全、防犯性を高めるための照明を計画することも心掛けている（図6）。これらのあかりは地域のシンボルともなり、大人になって近くを通った時に小さい頃の思い出を誇りに思えたらと願っている。

[参考文献]
1) 比護智洋「空間認識力を育む教材に関する研究」新潟大学教育学部数学教室『数学教育研究』第47巻第1号、2012、pp.146-165

図1 「何かを発見するあかり」の配置

図2 わんぱくすまいる保育園（東京）。設計：石嶋設計室。遊戯室の中心にトップライト部に登れるらせん階段があり、ペンダントの吊り下げ高さの上から自分たちが遊んでいる遊戯室を見下ろすことができ、同空間でありながら違った印象を受けることができる

図3 わんぱくすまいる保育園（東京）。設計：石嶋設計室。廊下では自分がどこにいてどこに行くべきかのサイン的なあかりを出入口前に配置する

図4 グローバルキッズ（東京）。設計：石嶋設計室。トイレは子どもたちにとって特別な場所であり、その他の居室と照明手法を変える

図5 グローバルキッズあざみ野園（神奈川）。設計：石嶋設計室、撮影：黒住直臣。隠れ家基地では特別な演出的なあかりをデザインしても良い

図6 東光保育園（山口）。設計：Zant renovation studio。視界が開かれた場所に立地するため、敷地全体（建物、園庭、駐車場）が「街」のように一体となり、「人気のあかり」は地域の安心安全、防犯性を高めている

2-12 サイン計画

軍司匡寛
POSTHYPHEN 主宰、NON-GRID

図1 イメージスケッチ

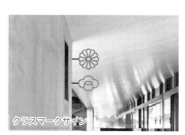

図2 クラスサインの例

図3 サインと壁の色のコントラスト

●保育施設におけるサインの役割

保育施設におけるサインは、子どもが長期間、何度も触れ、自分ごと化する人生初のものである。つまり、サインのあり方として重要な点は、サインに愛着が生まれることであり、そのためには、「子どもが理解しやすいサイン」であることが求められる。理解は、興味から生まれる。子どもたちの興味を引くようなキャラクターで構成された保育施設が多く見られるのは、この理由からだろう。しかし、子どもたちが初めて長く触れるサインは、形、色、触感、設置場所や設置方法等について、設計者とスタディを重ねて、建築空間と一体的にデザインすること、さらにサイン製作会社とイメージを共有して実現することが重要である。

●サインの種類とデザインの方針

保育施設におけるサインの種類は、園名サイン（園のシンボルマークやロゴタイプサインを含む）、室名サイン、ガラス衝突防止サイン等がある。

大人向けの施設とは異なり、子どもを対象とした施設のサイン計画においては、先に述べたように「子どもが理解しやすい」ことを念頭に置きたい。そのため、文字だけでなくピクトグラムを用いることが有効である。ピクトグラムは、子どもにも馴染み深いモチーフを採用し、視認性の高いシンプルな形態に昇華することが有効である。例えば、育良保育園（3章 pp.58-65）では、「育良（いくら）」が鮭の卵イクラを想起させることから、シンボルマークは9つのクラスに見立てた正円ではない円形が行儀よくも愛らしく並ぶよう配置し（図1左上）、各クラスのマークは、花をモチーフにシンプルな線で構成した（図2）。

●色の考え方

保育施設におけるサインの色彩計画について留意すべき点としては、視認性を重視したい。その際、サイン単体で考えるのではなく、周囲の空間とのコントラストを考慮すべきである。図3に示すように、地となる壁の色が異なれば、サインの色は壁の色とのコントラストを考慮して、視認しやすい色を選択することが望ましい。逆に、シンボルカラーに合うように、壁等の色を選択することも検討されたい。

●触感の考え方

触れるという情報量がもたらす記憶への影響は、著しく高い。子どもは触ることで環境を知覚する。サイン計画もこの点を考慮することが重要である。但し、柔軟な素材等劣化するものは避けたい。立体感や光沢感に着目して、関係者とイメージを共有することで、その素材感を実現できる可能性がある（図1左下、右上）。

●設置場所と安全性

サインの設置場所や高さは、子どもの身体寸法を考慮して決定する。例えば、ガラスの衝突防止サインは子どもの目線の高さに設置する（図1右下）。また、触れるサインは子どもが触りやすい高さに、逆に触るべきでないサインは子どもの手が届かない高さに設置すべきである。

●設置方法と将来的な変更への対応

保育室の室名は、運営方針に従って将来的に変更が生じることが少なくない。その場合にも容易に変更できるようなディテールを検討することが望ましい。例えば、サインの設置にマグネットを利用すること等も有効だろう。

2-13 家具計画

小山賢哉
象設計集団

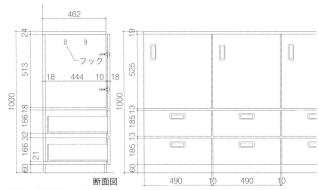

図1　幼児用ロッカー　クローゼットタイプ（1:25）

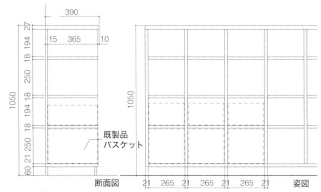

図2　幼児用ロッカー　ボックスタイプ（1:25）

　これまでいくつもの保育施設を設計してきたが、園での生活の仕方は十園十色である。例えば小学校のロッカーであれば、各校での違いはそれほどないであろうが、保育室の家具に求められる形は園ごとに違う。設計にあたっては、その運営方法を綿密に打合せ、個々の園にあった提案をすることが大切である。

● 造作家具の素材

　保育室の造作家具に用いられる材料は、主に杉等の集成材、化粧練付合板、ポリ合板等に分類される。

　集成材は、ほかの材に比べ欠損等しにくく、子どものつける多少の傷も気になりにくい。また面取を大きく取りやすい点でも扱いやすい。比較的重くなるので、置き家具として安定させやすい。製作費は高くなる傾向にある。

　化粧練付合板は、自然の素材のテクスチャが感じられ、保育室の雰囲気をつくりやすい。小口はテープ等で処理されることが多いが、できれば6mm程度の挽き板張りにしたい。子どもが触る部分に十分な面取ができ、物の出し入れでぶつけやすい部分の保護にもなるからである。

　ポリ合板は、コストを抑えられる点で優れているが、子どもがさわりやすいところは小口の処理を面取ができるようにする等、気を使いたいところである。

● 乳児室のロッカー

　乳児は頻繁に着替えをするので、清潔な衣服と使用済の衣服を分けて収納する必要がある。そのため、1人につき2つの引き出しを設ける、あるいは1つの引き出しのなかを2つに仕切って使うことが多い。

　0歳児、1歳児は保育士が出し入れすることを前提に、いたずらで不用意に手を挟んだりしないように子どもが開けにくい対策をするのがよい。引き出すのに力が必要なストッパー付スライドレールや、レバーラッチを使う等の方法が考えられる。

　2歳児になると少しずつ自分でできるようになるので、その点を考慮するべきである。

　引き出しの代わりに市販のポリエチレンケースやラタンボックス等軽い素材を活用し、怪我をしにくくする方法もある。この場合は、市販ケースのサイズよりも若干の余裕を持たせた寸法の棚とするとスムーズである。

● 幼児室のロッカー

　棚内にフックを備え、かばんや上着をかけられるクローゼットタイプと箱のみのボックスタイプに大別できる。

　前者のクローゼットタイプは、上着の背丈以上のボックス部分と着替え等を入れる引き出し部分とから構成される。保育室面積の関係で2人で1箱として計画する場合が多い。収納を整然と見せるために扉を設けることがあるが、指はさみに注意が必要である。特に、隣の扉の吊元側で、開いたときに巻き込まれるといったことにも配慮が必要である。指はさみの対処では扉を浮かせた状態にするため、力がかかりすぎたときに故障の原因になりやすいのが難しいところである（図1）。

　後者のボックスタイプでは、前述の市販ボックスを活用した引き出しとしたり、そのままオープンとして利用する。上着やかばんは吊るすのではなく、ボックス内に置く。このタイプは積み重ね段数を自由に計画できるので、4～5段を積み重ねて省スペース化を図る、あるいは低めに設定して棚上からの子どもの視線を広げる、上部を押入れ収納にする、といった設計の自由度が上がる（図2）。

　上着やかばん、巾着袋を壁に並んだフックにかけるという方法もよく見かけるが、整然とした保育室の空間づくりとするなら、それらをロッカーに収納する計画としたい。

● 玄関のくつばこ

　くつばこは、オープン式の横長の棚とするのが効率的である。個人ごとのボックス型は家具の占有スペースが大きくなり、広い玄関スペースを必要とする。そのため段を積上げ高くしてしまいがちであるが、玄関の家具はできれば低い方が望ましい。外と廊下が見通せることで、子どもは自然な気持ちで出入りすることができる。また大人から、子どもの出入りが見えるので、安全管理の面でも見通しが利くことは重要である。低く抑えることで、上部の壁面を保護者向けの情報掲示のスペースとすることもできる。

　くつばこをフリーアドレスとし棚の高さに差をつける

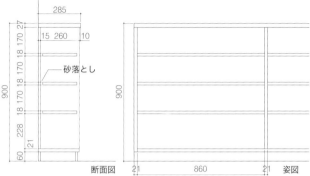

図3 フリーアドレスのくつばこ (1:25)

図4 幼児用手洗い (1:25)

図5 丸い卓袱台に大勢が集まる

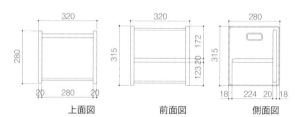

図6 高さを変えて座れるいす (1:25)

と、背の高い長靴を下の方にする等、効率的に入れられる。お迎えの保護者の靴を一時的に入れておく余裕が生まれると、玄関をすっきりと見せることができる（図3）。

● 保育室の手洗い

子どものスケール感と関係が深い家具が手洗い流しであり、その寸法は大事に押さえたい。特に、シンクの縁の高さと、立ち位置から水栓までの距離が大事である（図4）。

シンクの縁の高さは、利用する年齢に応じて決定する。1歳児では380mm、5歳児では500mm程度としている。異年齢保育等利用年齢が異なる場合は、小さい子大きい子双方に配慮し適宜対応する。

シンクは人工大理石の既製タイプや、ステンレスで製作されたものを多く見かける。

既製製品の人工大理石のシンクの奥行きは300mm程度のものが多く、子どもにほどよいサイズである。多くは首長立水栓が奥の水平面に付くようになっている。

ステンレス製の場合は個々に製作されるので、サイズが自由に設定できる。2歳児以下ではシンク奥行きを280mm程度に抑えることもある。水栓の取付をライニング式にして胴長単水栓を用いると、水栓ハンドルの位置を手前側に寄せることができ、小さい子でも扱いやすくなる。

シンクの下に水栓バルブを仕込んで流量を調整することで、水の出過ぎ、飛び散りを防ぐことができる。

● 子どものテーブル

保育室のテーブルは、メーカーから小さな工房まで、様々なところから製品が出されている。

角形ではW900～1200、D600程度のものが多く、向かい合わせに座った場合にも使い勝手のよい大きさである。使いやすい高さは、いすと合わせる必要あるが、1歳児でH350程度、5歳児でH500程度である。これはJIS S 1021 (2011年)の「表3-机の寸法」が参考になろう。

丸形では900φ程度が扱いやすい。まわりに座る人数に自由度が出るので、様々な活動に対応しやすい。いすでの使用以外に、座卓のように床座を基本とする園も多い。この場合は、H280～320程度が使いやすいようである（図5）。

● 子どものいす

保育室のいすも様々な製品が出されている。面取り加工がしやすいためか無垢集成材のものが多くみられるが、重すぎず軽すぎずという点が選定時のポイントになる。

いすの高さのマッチングは、成長とともに常に変化していく。そこで高さを変えて座ることができるいすもある（図6）。いすを置く向きによって、座面を3通りの高さで使い分けることができる。作りも非常にシンプルである。

3章 設計事例

立地・条件別

郊外

みどりの保育園── 異年齢コミュニケーションを叶えるプランニング

所在地：東京都多摩市
敷地面積：1764.51㎡　延べ床面積：983.62㎡
園児数：121人（0〜5歳）
設計：石原健也＋デネフェス計画研究所
施工：藤木工務店東京支店

南西側から見た園舎。東西方向に保育室が連なっている。奥には多摩ニュータウンの住宅街が見える

● 「交じり合い」がテーマの新園舎

　多摩市連光寺地域は古くからの村落が多摩ニュータウン開発区域に編入され区画整理によって生まれた住宅街である。大規模公園や歩行者専用道が計画的に整備されている一方、なだらかな起伏と川の蛇行が保存され、昔からの社寺仏閣とも共存する穏やかな風景が特長の街でもある。ニュータウン開発と並走して1975年に開園した「みどりの保育園」は、定員増と子育て支援センターの開設を機に、築30年以上を経過した園舎の改築を決定した。

　敷地は戸建て住宅5軒分くらいの東西に長い区画であり、北側に児童館が隣接する。西側に旧河川を埋め立てた緑道が接して近隣小学校への通学路になっている。そうした理由で、卒園した子どもたちは小学校に通うようになっても保育園の周囲が遊び場である。

　既存園舎は保育室が一列に並び外廊下が南側園庭との間に走る最も普遍的なハモニカ形式であった。残された園庭は狭く細長い。しかしその細長さ故に、乳児・幼児と園児（3〜5歳）が各々の場所をもちつつ、つながっている。その「交じり合い」が保育者にとって重要であった。

　改築にあたって保育者の先生たちと私たち設計者で共有した目標が、この「交じり合い」である。それまでの園庭での異年齢コミュニケーションを園舎のなかでも展開する

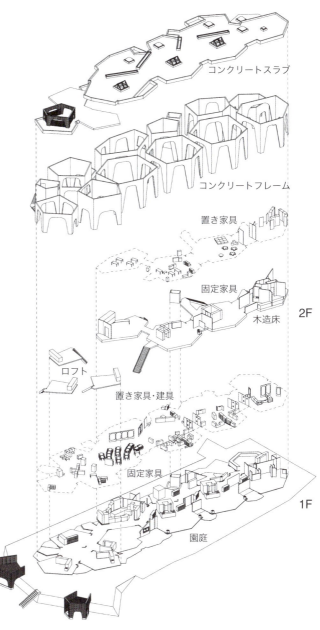

構成ダイアグラム

こと。園舎のなかも園庭のように、多様な場がつながり、楽しくて居心地のよい空間となること。それらを目指して設計が開始された。

　新園舎の特長は保育室単位の小さなスケールが外観に現れていることである。それは設計者自身が敷地周辺を歩き回り、近隣の住宅スケールに園舎を合わせたいと考えたことから始まる。しかしそれは外観だけの操作ではなく、子どもたちの居場所をつくる基本原理でもありたいと考えた。それが結果として複数の保育室が細胞組織のようにせめぎ合う平面を生み出すことになった。

　保育施設は保育方法と保育空間が密接に絡み合う。保育がスタートした時、保育者がその空間に身体的に馴染んでいないと上手くいかない。そのことを念頭に、設計中も現場が始まってからも、模型を前に（そして躯体のなかで）多くの話し合いが持たれた。幸い私立保育園では同じ保育者が継続して関わる。このような保育室の境界が溶け合って一体化している園舎が実現できた。

　竣工して既に8年が経過する。設計時に保育者のリーダーであった先生が今は園長となって園舎を育ててくれている。家具の工夫によって小さなコーナーが子どもたちの居場所を増やし、異年齢の子どもたちが交じり合う風景が日常的に展開している。

1階平面図 1:400

2階平面図 1:400

● ワークショップから生まれる平面計画

　多角形が集まる平面形は設計者側からの提案である。そのことで、保育室に包まれた感覚を生み出すこと（少しばかりシュタイナー的）と同時に、全方向につながりをつくり出せると考えた。局所的な工夫を全体に波及することなく行える自由度が確保できることも魅力的であった。

　エントランス脇に事務室を置き、近くから0〜1歳と年齢順に奥に向かう。遊戯室兼ランチコーナーの先に3〜4歳児の異年齢クラスを3つ設ける。2階で小学校就学前の5歳児を独立して保育する、等の基本的機能構成は早い段階で決まったが、それぞれの場所のつながり方に関しては議論百出。模型を前に保育者と子どもたちの行動をシミュレーションしながらプランと同時並行で建具・家具レベルの配置が話し合われ、その場で模型を壊してつくる繰り返し。それは打ち合わせというよりもワークショップ。そんなプランと同時並行で建具・家具レベルの検討を行うことは容易ではない。プランが揺れ動いていた実施設計初期段階では5名のスタッフがこの小さな建築に関わっていたことが、そのエネルギー総量を表している。このような中で、保育室という機能的（抽象的）単位が遊び・寝る・食べる・排泄・休む等の具体的行為の集まりとして設計された。それらの具体的現れが、保育室の隙間のお昼寝スペースや年齢ごとに異なる水回り、ロフトや階段下の低年齢キッチン、テラスにつながる小さな引き戸、そして園庭から緑道に突き出た木造テラス（緑道デッキ）等である。

● つながりを実現する構造計画

　設計当初は多角形平面を立ち上げた壁構造を想定していたが、開口部が徐々に広がり、壁面が極端に不足した。こうした条件の解決策として、160mm厚の壁を柱と見立て2層分の高さで大きなフレームを組むRCラーメン構造としている。多角形平面を囲うこのフレームは様々な方向に向くことで地震時の横力負担に対して偏りなく応答する。また2階床を木造とし多角形の重心に鉛直力のみを鉄骨柱で受けることで、基礎の反力をバランスさせている。2階建1000m²未満の延べ床面積に抑えることで準耐火構造とし、燃え代により木質が現れることを可能としている。

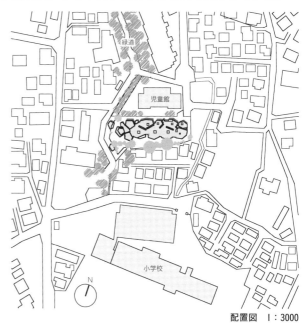

配置図　1:3000

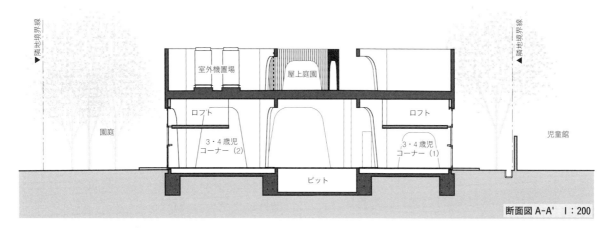

断面図A-A'　1:200

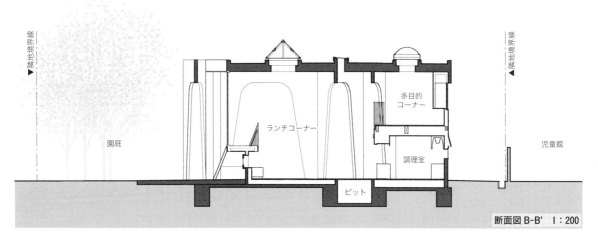

断面図B-B'　1:200

ランチコーナー。2層分の高さが空間のつながりを感じさせる

北側外観。保育室単位にスケールが分節されている

3〜4歳児の共有スペース。柱周りに子どもたちが溜まる

3〜4歳児コーナーに続く図書コーナー

2階のブリッジからランチコーナーを見る

3〜4歳児コーナーの上のロフト

入園者への説明会。大きな模型は想像が膨らみやすい

構想段階の模型。打合せでの議論に使用した

3〜4歳児コーナーからロフトを見上げる

2階5歳児コーナー。様々な用途・形の家具が配置されている

南側の住居と園舎の間の園庭の様子。細長い空間では、子どもたちが駆け回っている

3章　設計事例——立地・条件別　47

● つながりをサポートする環境計画

　ほぼワンルームとなる内部空間を如何に快適な環境とするかは難題である。負荷計算に見合った空調機を選択する設備設計ではこと足らず、独自の環境計画を工夫する必要があった。以下に列挙する。

・自然通風の確保

　共用部に大きな換気窓を設けて大きな空気の流れをつくると同時に、多角形フレームに1箇所トップライトを兼ねた排気口を設けて各々の状況に応じて個別の換気制御を可能とした。

・オンドル式床下空調

　1階床下をオープンダクトしてサプライエアを流し、窓際のペリメータゾーンで吹き出すことで負荷軽減と輻射熱利用を兼ねた。

・クールチューブによる新鮮空気の採り入れ

　空調機へ地面下2m（長さ30m）に埋めたパイプを通した新鮮空気を送り込むことで地熱を利用した負荷軽減を図った。

・トイレ換気による臭気対策

　低年齢児の水回りは保育室中心にある。オムツ交換（使用後オムツの保管）やトイレからの臭気が漏れないように、単独の排気ルートを確保して常にトイレ周りを負圧状態とした。

・二段カーテンによる日射制御

　外周部の大きな窓は日射制御を細かく行えるように上下二段にカーテンを分割した。

・適材適所の吸音材使用

　RCスラブ下面には断熱材を兼ねた吹付け吸音材、お昼寝スペース等の小空間にはグラスウールボード天井を用い、喧騒な音環境に陥ることのないよう配慮した。

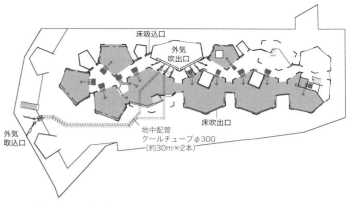

空調システム概念図

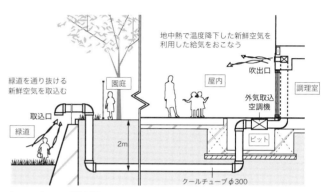

クールチューブ概念図

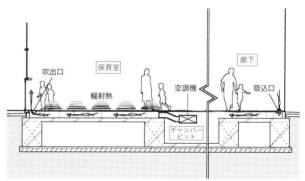

床吹き出し空調システム概念図

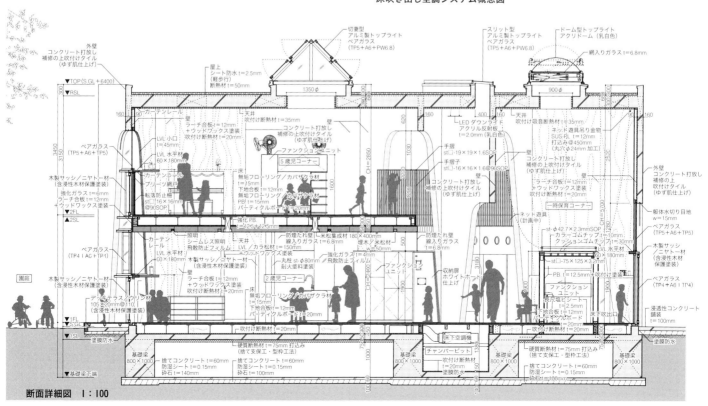

断面詳細図　1：100

ランチコーナーの家具について（スタッキングテーブル＆チェア）

藤森泰司（家具デザイナー）

ランチコーナーの子ども用テーブルとチェアを検討していた時、子どもたちのアクティビティに呼応した自由な平面計画に対して、通常の矩形のテーブルを並べていくことに違和感があった。どうにも合わなかったのだ。そこで、ランチコーナーを自由に駆け回る子どもたちの活動的な身体性に呼応していく形式を考えた。具体的には、テーブルの平面形状を少し変形させて、長手方向に連続して並べると自然な「流れ」が生まれるようにした。そうすることで、360°からアクセス可能なこの空間に、いきいきとした流動性が生まれた。

また、同空間は多目的に使用する場でもあるので、テーブルとチェアは双方ともにスタッキングが可能になっている。折りたたみ式のテーブルは便利ではあるが、折りたたむ作業手間と積み重ねた際に転倒の危険性がある。ゆえに、ここではテーブルの脚をハの字形状にし、そのまま垂直にスタックできるようにした。これは、子ども用の小さなスケールのテーブルだからこそ可能になった方法である。大人が1人で積み重ねられ、スタック時の安定性もよい。使用時と収納時共に、美しい佇まいになることを目指した。

一方チェアは、テーブルの周りを子どもたちが集っているようなイメージでデザインした。テーブルと合わせてチェアの脚先もラウンド形状になっている。床との接点を柔らかくしながら、今にも動き出しそうな表情が現れた。子ども用ということに納まらない、きちんとした座り心地のチェアになることを意識した。4〜5歳児用のチェアであるが、身体の小さい子どもにも対応するべく、数台には取り外し可能な足置きとアームを取付けている。

素材は、双方ともに丈夫なホワイトアッシュの無垢材を使用し、それぞれの異なる木目が家具の力強い個性となった。

テーブルは1人でもスタック可能

スタック時のディテール

スタッキングチェア

流れるようなレイアウトのテーブル

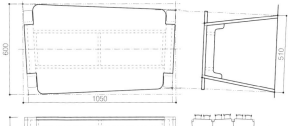
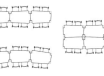
スタッキングテーブル三面図 1：25

詳細データ

敷地面積：1764.51m² **建築面積**：695.86m² **延べ床面積**：983.62m²
建ぺい率：39.43％＜40％
容積率：55.74％＜80％
構造・階数：RC造、一部木造・S造、布基礎・地上2階
最高高さ：6.4m **軒高さ**：6.1m
敷地条件：第一種低層住居専用地域、防火指定なし、第一種高度地区
道路幅員：北 5.9m
主な外部仕上げ：屋根／コンクリート下地シート防水（外断熱仕様）、一部FRP防水（バルコニー） 外壁／コンクリート打ち放し＋吹き付けタイル（SK化研）、一部ガルバリウム鋼板、平葺き t=0.35mm 開口部／アルミサッシ（三協立山アルミ：ARM-S）、木製サッシ（アイ・エイチ：ニヤトー材）、トップライト（大仙）、スチールサッシ（面川建機製作所）
外構：カラーゴムチップ舗装（横浜弾性舗装システム）、透水性アスファルト舗装、透水性コンクリート舗装、デッキテラス（ウリン材 t=20mm＋木材保護塗料）、緑道デッキ（レッドシダー材 t=38.18mm＋木材保護塗料）
主な内部仕上げ：[0〜2歳児コーナー] 床／フローリング t=15mm（カバザクラ無垢／ボード） 壁／ラーチ合板 t=12mm＋ウッドワックス（オスモ）、コンクリート打ち放し＋吹き付けタイル（SK化研） 天井／LVL t=150mm（カラマツ／キーテック）＋ウッドワックス（オスモ）[3〜4歳児コーナー・一時保育コーナー] 床／フローリング t=15mm（カバザクラ無垢材／ボード） 壁／ラーチ合板 t=12mm＋ウッドワックス（オスモ）、コンクリート打ち放し＋吹き付けタイル（SK化研） 天井／吹き付け吸音断熱材 t=35mm（SK化研）、一部LVL t=150mm（カラマツ／キーテック）＋ウッドワックス（オスモ）
電気設備：受電／低圧架空引き込み2回線（3φ3W 200V/1φ3W 100/200V） 設備容量 動力／23.5kW 電灯／56.2kVA
空調設備：主な環境配慮技術／クール・ヒートチューブシステム 空調／ガス式ヒートポンプエアコン方式 熱源／都市ガス
給排水衛生設備：給水／直結方式 給湯／局所式湯沸器（都市ガス・電気） 排水／分流方式
防災設備：消火／消火器 排煙／自然排煙 その他／自動火災報知設備 誘導灯
設計期間：2009年3月〜2010年6月
工事期間：2010年7月〜2011年4月
工事費：2億6500万（税別）
園児数：121人（0〜5歳 1クラス9〜24人）
職員数：17名
保育時間：7時〜19時
写真撮影：浅川敏／ZOOM（pp.42-43、46-47）、大森有起（p.49）

郊外

富士文化幼稚園——軒下空間に繰り広げられる無数の活動

所在地：愛知県名古屋市
敷地面積：3386.37m²　延べ床面積：1400.62m²
園児数：310人（3歳100人、4歳105人、5歳105人）
設計：手塚貴晴、手塚由比、寺田和彦（手塚建築研究所）
施工：鈴中・岡田建設工事共同企業体

園庭から建物を見る。軒下空間が子どもたちの居場所になっている

● お施主とのやりとり

非常に元気のよい幼稚園から依頼があった。特に要望はなかったが、そこに既に長年運営されている幼稚園の存在が素晴らしく、訪問するだけで次の未来にあるべく姿が浮かんで見えた。園庭では毎年地域の盆踊りが開かれる。富士文化幼稚園は幼稚園という一教育施設の存在を超え、既に地域文化の軸として機能していた。騒音問題や安全が最優先されるあまり塀が日々高くなる昨今の幼稚園とは真逆の、地域密着型組織である。設計の過程で難しい要望は少なかった。会議の度に山ほどお菓子をもらって帰った。まるで園児扱いである。強いて言えば地域文化を担うホールについては、通常の幼稚園の機能を超える仔細な要望があった。ホールは地域にも開かれた日本舞踊や能の公演を想定してつくられている。

● 建物の概要

この幼稚園には深い軒がある。モンスーン気候の日本において軒は大きな役割を果たす。園児の使う空間については尚更の事実である。外部環境との触れ合いを大切にする富士文化幼稚園にとって広い園庭が大切なことは言うまでもない。しかしながら子どもを1年中園庭で遊ばせておくことは不可能である。長い梅雨あるいは秋雨の時期は勿論

深い軒下で、子どもたちが駆け回っている

古い街並みの路地のような空間

のこと、夏の炎天下の園庭は子どもを放って置いていい場所ではない。子どもの成長にとって自然は大切であるが、適度なしつらえなくして、得られるべき利益は得られない。

● **深い軒下の半屋外空間について**

　富士文化幼稚園の軒下は第二の園庭である。その広さは室内空間の合計より多い。園児はその古い街並みの路地のような空間で駆けまわったり、座り込んだり、水浴びをしたりする。建物の間に軒があるのではない。軒の下に建物があるのだ。軒の下は主要動線であるが廊下ではない。廊下というものは部屋から部屋へと目的を持って移動する手

設計時のスケッチ

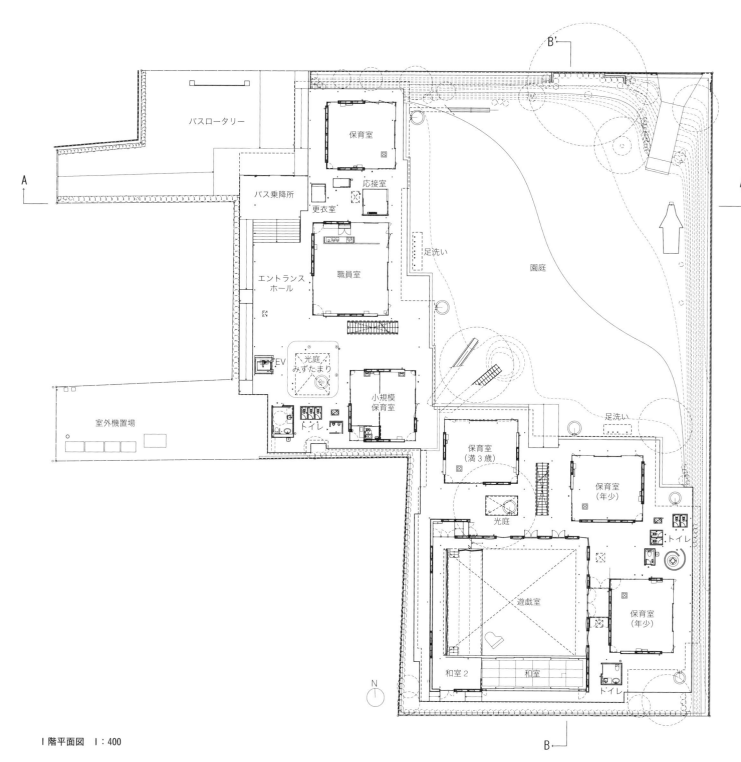

1階平面図　1：400

段であるが、この軒下にその1対1の線形関係は存在しない。全ての部屋の間を取り囲む行き着く所のない雲である。軒下は低い方がよい。体育館ではないのだ。軒下には無数の鉄の丸輪が打ち込まれている。遊びや教育にまつわるハンモックやモビール等様々な品をぶら下げるための工夫である。富士文化幼稚園を経営するご一家は、日本舞踊や琴を嗜むということもあって、しつらえを大切にする。私としては総合ディスカウントストアのドンキホーテ並みのしつらえにして下さいとお願いしているのであるが、なかなかそこまでは行かない。いつの日か軒下に「これでもか」という程に子どもや先生の作品が溢れ返る日が来ることを願っている。

軒先にはコンクリートの樋がある。その横樋にはガーゴイルという注ぎ口が付いていて下の丸いコンクリート桶に落ちる。玄関先には床が緩く凹んでいる場所があってそこに水たまりができる。雨水はその仕掛けのなかを流れ落ちる。これを私たちは水の道と呼ぶ。河川が整備された昨今、雨水が川になるプロセスが子どもの目に触れる機会は珍しい。今失われた当たり前の懐かしい景色を体験させるささやかな工夫である。

● 立地／配置計画

富士文化幼稚園の旧園舎は北東の角にあった。現在の園庭のある場所である。旧園舎を活用しつつ新園舎を建設したため現在の配置となった。よって園庭は園舎の北にある。これは旧来の計画学的に見ればあるべき姿から外れていることになる。しかしながら周辺敷地との関係性を鑑みると、南向き窓がない問題を補ってはるかに余りある長所があ

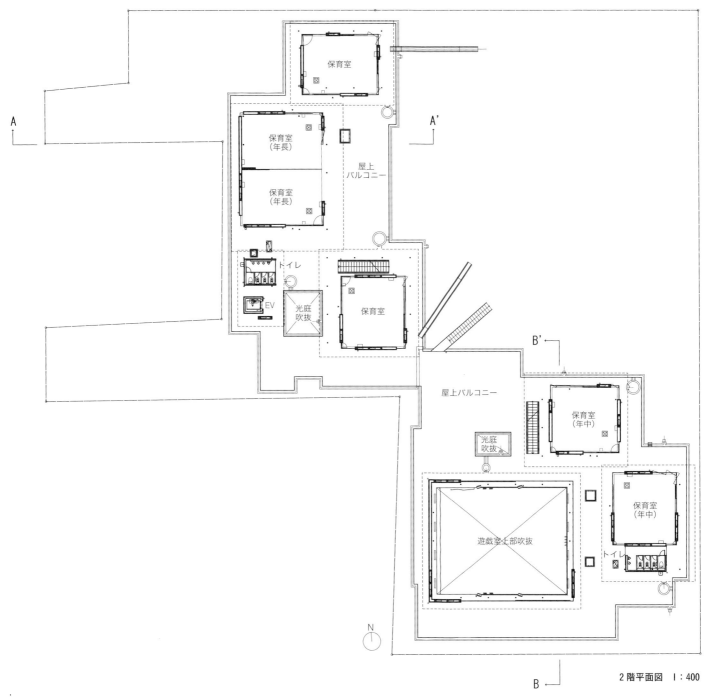

2階平面図 1:400

る。第一に景色の広がりである。敷地の東と北の二面には大きな都市公園が広がっている。よってその周辺地盤よりも2mほど持ち上がった園庭越しに都市公園を眺めると、その都市公園の反対側まで園庭であるかのような錯覚を得られる。全ての保育室から眺望はきわめてよい。第2に隣接する住宅地との取り合いがよい。学校という建物は大きなボリュームとなりがちなのであるが、本計画は小さな住宅サイズのクラスターが集まった幾何学なので、住宅地と隣接しても違和感がない。さらに園庭の騒音を園舎が遮る形になるので、建て替え前に比べて周辺住宅にとって静かな幼稚園となった。園庭には大きなクスノキが1本立っている。旧園舎の裏にあって日々人の目に触れることが少なかった木である。その木をかなり苦労して保存した。今やそのクスノキは園庭の北端に後ろの借景を背負う形で立

すくんでいる。

今の園児が育ち大人になった時、今と変わらずあるいはさらに大きく育った翁としてこのクスノキが卒園生を迎えてくれればと願っている。

● 建築計画のポイント

保育室は2つ毎が単位になって分散している。言うまでもなく合同保育を想定した構成である。分散しているということは、分かれているという意味ではない。2部屋毎に仕切られている構成と、2部屋毎が分散している富士文化幼稚園の構成には大きな違いある。前者は区画であり、後者はつながりを意味する。壁で仕切られた場合、隣の遊戯室は見えないから、それぞれの部屋は隔てられている状態になる。それに対し、分散されていても互いが見通せれば、

夏場の日差しが強い日には、園庭や軒下空間での水浴びが気持ちいい

吹き抜けがつくる2階バルコニーの軒下は、子どもたちのスケールに合せた

軒下空間には子ども用トイレもある

屋上バルコニーからは1階の遊戯室の様子が見える

製作の手洗い場

屋上バルコニーの軒下は井戸端会議の場でもある

地域文化を担うホール

玄関先の床が緩く凹んでいる場所

階段も子どもたちの遊び場だ

鉄の丸輪にはハンモックやモビールなどがぶら下がる

3章　設計事例——立地・条件別

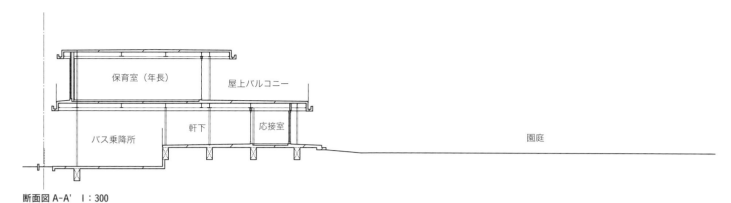

断面図 A-A' 1:300

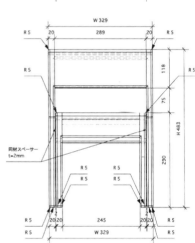
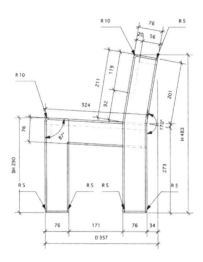
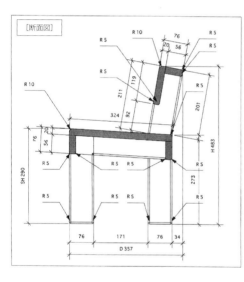

椅子の図面 1:12

つながりが生まれる。軒下はそのつながりを生み出す細胞液である。

● 椅子のデザインについて

今回富士文化幼稚園のために桐の椅子を作った。桐は古来から箪笥に使われてきた日本伝統には欠かせぬ素材である。桐が長年使われてきたことには理由がある。1つには早く育ち手に入りやすく加工しやすいということもあるが、何より軽い。軽さは園児に自分で運ばせる時に極めて有用である。椅子の重さは2kgに満たない。A5の本10冊分程度である。パイプ椅子であれば同等の重さの製品はある。しかし桐は暖かい。桐は木に同じと書く如く元来草であるので、木質が少なくそこに含まれた水分が抜けたあとは空気に置き換わりこの上ない断熱材となるのだ。加えて柔らかく子どもがぶつかっても怪我をしない。勿論その分凹みやすいのであるが、凹みもまた子どもが育った歴史である。その凹みもスチームアイロンと当て布があれば簡単に回復可能である。ちなみに床も桐である。桐には繊維がないから棘が出ない。素材の耐久性を重視すると傷つきやすい桐は敬遠されがちである。しかし幼稚園において一番大切な存在は建材ではない。子どもである。素材が凹んで園児が凹まなければ本望というべきであろう。自然素材であるということも大切なメッセージである。

軽くて柔らかい桐の椅子

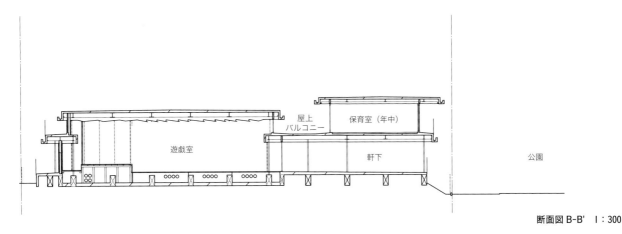

断面図 B-B' 1:300

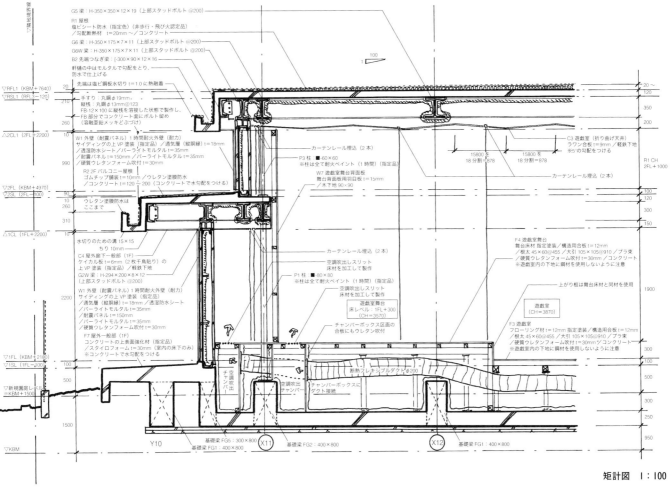

矩計図 1:100

詳細データ

敷地面積：3386.37m² **建築面積**：1242.30m² **延べ床面積**：1400.62m²
建ぺい率：36.68% < 60%
容積率：41.36% < 200%
構造・階数：S造・地上2階
最高高さ：7.125m **軒高さ**：6.945m
敷地条件：市街化区域、第一種住居地域、準防火地域、31m高度地区
道路幅員：北 6.35m、西 4m
主な外部仕上げ：屋根／ウレタン塗膜防水　2Fバルコニー／ウレタン塗膜防水の上、ゴムチップ舗装　1F軒下／コンクリート金ゴテ仕上げの上、表面強化剤塗布　外壁／耐水ラワン合板、ニューボンデンDX塗装　バスロータリー／アスファルト舗装（密粒度）　建具／木製框（米ヒバ）、ニューボンデンDX塗装＋ペアガラスFL6+A6+FL6　一部木製防火設備／木製框（米ヒバ）、ニューボンデンDX塗装＋ペアガラスPW6.8+A6+FL6
外構：盛り土〜客土、植木造園、砂利・砕石敷
主な内部仕上げ：[各保育室、職員室等] 床／桐無垢フローリング材　壁／難燃ラワン合板の上オスモ塗装　天井／有孔PBの上AEP塗装　[遊戯室] 一般部床／桐無垢フローリング材　壁／難燃ラワン合板、一部難燃有孔ラワン合板（孔ピッチ特注）の上オスモ塗装　天井／ラワン合板の上オスモ塗装、吸音スリット部グラスウール t=25　舞台床／ひのき無垢材、ひのきフローリング（無節、柾目）　舞台反射板／ラオス松無垢材（柾目、一本物）の上ノットバーン塗装　[和室] 床／本畳　壁／ジョリパット　天井／松無垢材ルーバー 20×20@40、吸音スリット部グラスウール t=25
主な什器：ホシザキ業務用食器用洗浄機、スプリングキャッチ式天井スピーカー、ワイドレンジスピーカー、壁掛け型非常用包装設備
電気設備：受電／キュービクル式高圧受電設備、変圧器容量、予備電源
空調設備：空調／空冷ヒートポンプ　熱源／熱源ガス
給排水衛生設備：給水／直結給水方式　給湯／電気温水器　排水／合流
防災設備：消火／消火器　排煙／規定無し（学校のため）　その他／火災通報装置、自動火災報知設備、非常用放送設備、避難器具、誘導灯
設計期間：2015年8月〜2017年6月
工事期間：2017年7月〜2018年5月
工事費：建築 5億9800万円、外構 1451万7160円
園児数：310人
職員数：約25人
保育時間：9時〜14時
写真撮影：手塚建築研究所

郊外

育良保育園 —— 段丘地形を模した、居場所を開拓する保育園

所在地：長野県飯田市
敷地面積：2372.65m² 延べ床面積：1081.42m²
園児数：140人（クラス別40人）
設計：意匠／松島潤平建築設計事務所＋桂建築設計事務所、
　　　構造／大野博史（オーノJAPAN）、サイン／軍司匡寛（POSTHYPHEN、NON-GRID）
施工：吉川建設

南側園庭から見た外観。西側にある育良神社の鎮守の森のなかに建つ。赤い大屋根には11個のトップライトとハイサイドライトがランダムに設けられている。東側に見える半屋外の大階段は段丘状の空間構成を象徴しながら、イベント時の観客席や建物内外に渡って立体的な回遊動線をつくる役割を持っている

● 設計にあたって考えたこと

　河岸段丘の頂部に建つ4層のスキップフロア型保育園。飯田市特有の段丘地形が屋内にも連続するような立体的な空間構成により、子どもたちが心身の成長に伴い、自らの行動範囲や居場所を能動的に開拓していくことのできる建築を目指した。

　神社を囲む鎮守の森のなかという限られた敷地面積のため、建物は積層せざるを得ない。しかし上下層で学年やクラスの関係が断たれないようにしたい。そこで、全室を条件のよい南側園庭に向けるという定石を崩し、地盤レベルが若干下がる北側を0.5階として「A. お昼寝に適した静かなスペース」、南側は1階として「B. 園庭と連続する活動的なスペース」、0.5階上部の北側2階は図画工作等を行う「C. 座学スペース」として、室の環境と役割を積極的に分け、学年単位（各2クラス）でトリプレット形式となる保育空間を提案した。0.5階と1階は建具で南北方向に、2階は可動棚で東西方向に一体化が可能であり、園児たちのクラスや学年を超えた交流を促すつくりとなっている。

　東側には北側最深部の2.5階と連続する半屋外の大階段を設け、不足気味な園庭面積を補完しながら建物内外に渡る回遊動線を作った。様々なスペースを縫いながら走り回ることのできる行き止まりのない立体的なサーキュレー

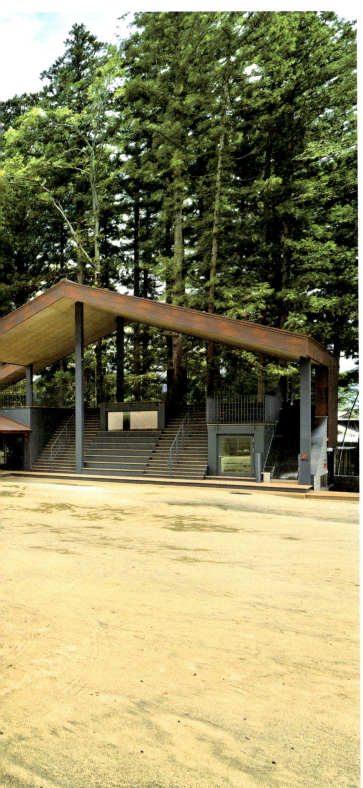

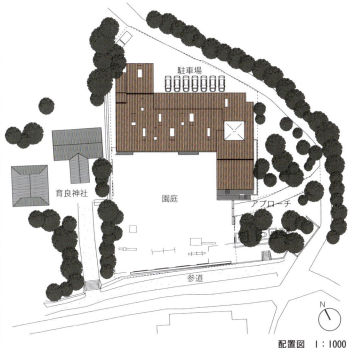

配置図 1:1000

ダイアグラム

ションは、遊び場の選択肢に溢れ、また運営管理もしやすい。普段は大がかりな無目的空間だが、運動会等の催事には保護者の観客席としてイベントを盛り上げる役割も持っており、段丘型保育園のシンボルのみならず、地域の象徴的空間となっている。

各所の仕上げは無垢材、混成材、フェイク材に至るまで、様々な木質系素材をあてがっている。飯田市の段丘にへばり付く様々な草花、動物、史跡のように、子どもの微視的なまなざしに飛び込むマテリアルの多面性は、空間の経験に複雑な奥行きを与えるだろう。そして心身の成長とともに獲得される巨視的なまなざしの拡張と相まって、日々立体的な回遊動線を巡るなかで奥行きと広がりがいつまでも生まれ続ける保育園となることを願っている。

● 建築の概要と目的

長野県飯田市特有の地形である河岸段丘の頂部、育良神社の鎮守の森のなかに建つ育良保育園は、0〜5歳児まで140名の園児を収容し、豊かな自然のなかで子どもの自主性を尊重しながら保育することを理念としている。施主である宗教法人の儀式を執り行う空間、集会所、また防災拠点としての役割も持つ、地域にとって重要な施設として位置付けられている。

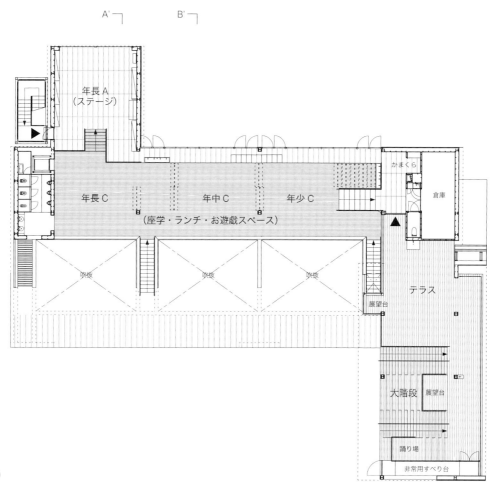

2階平面図　1:300

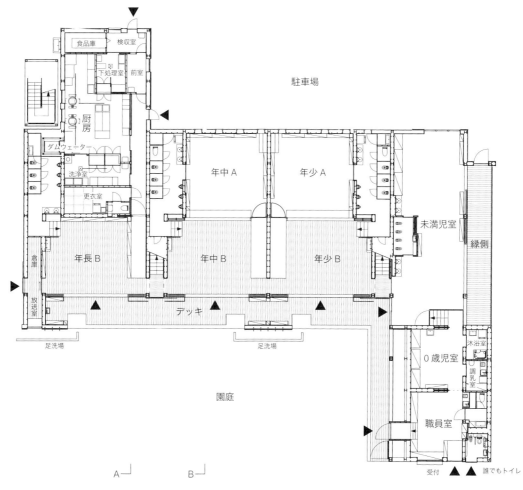

1階平面図　1:300

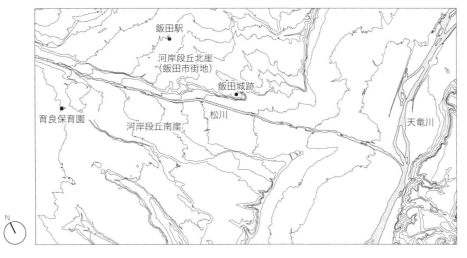

広域地形図 1:60000

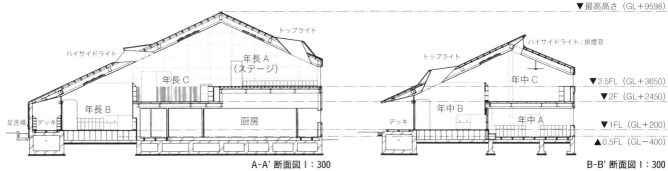

A-A' 断面図 1:300　　　　　　　　　　　　　B-B' 断面図 1:300

　旧園舎は1970年代に建てられ、その後キャパシティ不足のため突発的な増築を重ねたものだったが、老朽化や耐震性の問題から2012年に改築が決定された。施主からの要望は、主に以下の3点であった。
　・子供たちにとって変化に富んだ環境であること。
　・保育者の目が行き届き、見守れる空間であること。
　・旧園舎のシンボルであった赤い屋根を継承すること。
　このことから、大人にとっては見通しのよい明快な空間である一方、子どもにとってはある種の複雑さや多様さを持つような保育園建築となるよう検討を進めた。

● 神社と連携する配置、呼応する錆色屋根
　隣地の育良神社からは「お互いが独立しているのではなく、連携しているような配置としてほしい」という要望があった。そこで北側に建物を寄せて、神社と一緒に園庭を囲むZ型平面とした。また拝殿と保育園の屋根の妻平がリズミカルに呼応するような外観とした。
　屋根色は要望の通り赤色としたが、均一な高彩度の赤では周囲の緑や神社の古びた木色に馴染まず浮いてしまうと考え、ムラのある特殊塗装を施したガルバリウム鋼板を特注製作した。錆色や土色にも見えることから、「シンボルとしての赤」でありつつ「自然の一部」として捉えることもできる屋根色を作った。

● 確固な断面設定に冗長性を組み込んだ保育環境
　スキップフロア型の断面構成とすることで子どもたちの複雑な体験や交錯を生み出す傍ら、保育者の明快な見通しも確保するため、断面図や1/20模型を何度も作成して検証を行い、0.5階と1階は600mm差、1階と2階は2250mm差、2階と2.5階は1200mm差として各階高を設定した。大人の目線が通り、子どもの身長以上であり、落下防止の高さ、かつ内装制限が緩和される「床上1200mm」という寸法を特に意識している。
　このようなトリプレット形式に対して各学年は2クラスのため必ず1室余ることになる。他学年がそこを利用したり、未満児が年少Bにも侵出する等、スペースの交換・拡張が可能である。また、保育室AとBは4連引きの建具を開けて一体化でき、保育室Cは可動棚を動かすことで2階全体を一室空間として使えるようにしている。子どもだけでなく保育者も日々使い方を発見できるような、冗長性を持った保育空間となるよう設計した。

● 回遊動線を彩るアーキファニチャー
　別のエリアと視線をつないだり、横道へ逸れるような仕掛けを各所に盛り込んでいる。2階の手摺を兼ねた本棚の背板の一部をアクリル製の覗き窓としたり、2階北側奥の本棚は天板の奥行を900mmに拡張し、階段状の箇所から上って2.5階へ往来できるようにしている。年長になると集団行動から離れて静かに本を読むような個人行動をとる子どもも増えてくるため、2.5階で最も天井が迫る箇所に、子どものみ往来可能な「かまくら」と呼ぶ小さなアルコーヴ空間を設置した。また、大階段にも随所に展望台や踊り場、覗き窓を設けており、周囲の豊かな自然を臨むだけでなく、様々な位置から内外の視線が意外性を持って交錯するようにしている。

● 大屋根を活かした光環境
　4層のスキップフロアを覆う大屋根に、11個のトップラ

1階の保育室Bから0.5階の保育室Aを見る。白い壁面の覗き窓から2階保育室Cの様子も窺える

階段の手摺は左右で大人用と子ども用に高さを振り分けており、保育者と手をつなぎながら一緒に上り下りできる。照明も手摺に合わせてライン状とした

西側隣地の育良神社からの見え。軒先の流れを揃えつつ、拝殿と大階段の妻面がリズミカルに並んで見えるようにした

立体的な回遊動線をつくる半屋外の大階段。段丘型の保育園を象徴する場

敷地東側アプローチから見る。神木のなかに大階段の柱が紛れる

育良の名称に因み、イクラをモチーフとしたサイン。9つの粒は乳児から年長までの9クラスを表している

大屋根の天井にはトップライト・ハイサイドライト・面発光照明がランダムに設置されており、季節・天気・時間に応じて表情が変化する。天井仕上は不燃の木目調ビニルクロス貼。割付の無いシームレスな木目が大面積を覆うことで、フェイクゆえ実現できるダイナミズムを作り出している

保育室AとBは建具を開けば一体化が可能

仮園舎用に造作した収納棚を各所に転用設置

子どものみ自由に往来できる「かまくら」

赤い屋根がシンボルだった旧園舎外観

敷地近くの空き工場を建設時の仮園舎として利用

運動会の様子。デッキと大階段を観客席に

木質系素材による各所の仕上げ。天然、混成、フェイクの様々な木目模様が部位ごとの性能に基づき等価にマッピングされている。それぞれの「違い」に注視する観察眼を養うことを目的としている

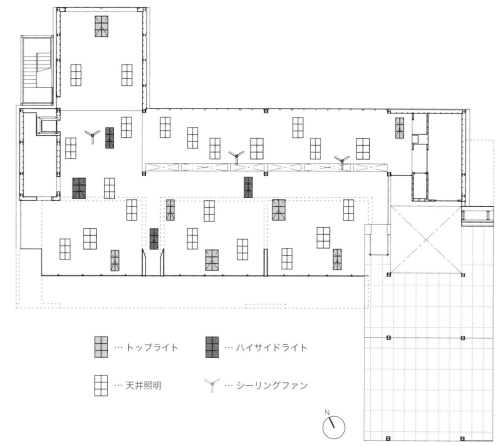

天井伏図 1:300

…トップライト
…ハイサイドライト
…天井照明
…シーリングファン

イトとハイサイドライトをランダムに設置した。時間や季節の変化に応じて光だまりの位置が変わることで、新たな居場所のきっかけを空間に重ねている。格子窓の意匠に合わせて面発光の照明も仕込んでおり、夕方からは光る窓が逆転する。光環境、また大天井の表情が刻々と変わることも、空間の複雑さや多様さに寄与している。

● 雨水利用と自然換気

崖上に位置することから排水量をコントロールする必要があるため、大屋根に降る雨は集水され、南側デッキ下の貯水ピットに溜められる。その水は、外構への散水や防災用貯水として有効利用されている。

軒先には上水道の有孔パイプが仕込まれており、夏期にそこから散水することで、足洗い場やデッキ廻りの温度を下げるほか、気化熱によって温度が下げられた風を南側から室内に取り入れ、内部の暖気を引き連れながら棟部の排煙窓や北側の水平連続窓から排出するという、自然換気と冷房負荷低減の効果も生んでいる。

「セミオープンのスキップフロア」という特殊な空間構成を活かした、大きな空気の流れによるパッシブな環境効果を設計している。

● 素材の「違い」を集めて観察眼を養う

各所の仕上げには様々な木質系素材を用いた。天然木、突板、合板、再生木、フェイクの木目化粧シート等が性能に応じて等価に扱われている。物の良し悪しを示すのではなく、物と物の「違い」や「関係」に子どもたちが注視し、観察眼を養うことを目指している。これはレッジョ・エミリアの小学校で導入されている"素材の風景"（空間を一様な材料ではなく、人工／天然、透明／不透明、新材／古材、重さ／軽さ等の「コントラスト」で覆う考え方）[1]と近しい試みである。様々なテクスチャによって変化に富んだシークエンスが生まれ、異なる次元の奥行きを持った情報と出会える保育環境の創出を試みた。

● イクラのサイン

サインは育良の名称に因んで「イクラ」をモチーフとし、「インターナショナル・オレンジ」と呼ばれる東京タワーや航空宇宙産業等で使用される誘目性の高いイクラ色を用いた。ガラスの衝突防止サイン、ピクトグラムの人間の頭部も、歪んだイクラの粒を模している。クラスピクトは室の自由な入替に対応するべく、マグネットやネジ切のブラケットで適宜交換できる仕様とした（2-12 p.38）。

● 仮園舎の設定と造作収納の転用

敷地近くの空き家となっていた精密機械工場の一部を、建設時の仮園舎として利用させていただいた。低コストの改修とするべく、使用範囲を最低限の間仕切壁で囲い、シナランバーコア合板製の棚や布団置きを造作・設置して保育環境を設えた。これらの造作収納は、新園舎の各所に転用設置されている。

● バリアフリー批判を乗り越える

安全性に対するクレームはまだ受けていないが、とある

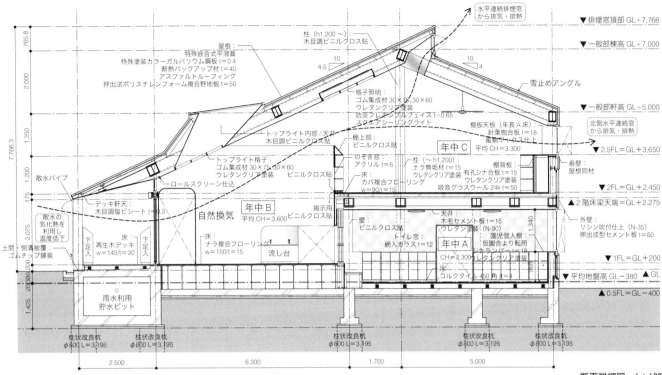

断面詳細図 1：120

講演会でバリアフリーの観点から厳しい批判を受けたことがある。もちろん重大な危険を避けることは必須だが、子どもを「何もできない存在」と捉えるような過保護な視点は、彼らの特別な体験や冒険心を奪い、結果的に能動性や危機管理能力を停滞させるおそれがあると反論した。これは厚生労働省が公示する「保育所保育指針」にも繰り返し書かれている懸念である。平坦で均質な安全管理空間ではなく、自ら危機管理能力を育むことのできる空間へ、「用意した場所で遊ばせる保育園」ではなく「"遊び場を見つける遊び"ができる保育園」の実現へ、これからも積極的に取り組んでいきたい。

● 原風景を再現する保育園建築

育良保育園の対岸際、飯田城跡に建つ小学校に通った筆者は、校庭の遊具に飽きたとき、崖を下る遊びを覚えた。虫、草花、時には廃墟や史跡と偶発的に出会いながら彷徨い下り、ふと振り返ると「ここまでの高低差を下ってきたのか」という驚きと達成感が全身を包んだ。ダイナミックな地形は冒険の目的になりやすく、崖にこびりつく様々なマテリアルは冒険の多様性を彩った。

この経験から、大人になることは行動範囲が広がることと同義であること、また目前の雑多な情報に蠱惑されながら成長に応じて全貌が明快になる空間の楽しさと奥深さを知った。育良保育園では、拡がりと奥行きが生まれ続ける飯田の原風景を建築で再現することを試みている。

［参考文献］
1）宮崎薫「レッジョ・エミリアの幼児学校における美的経験と学び」『あいだ／生成＝Between ／ becoming』あいだ哲学会、7巻、2017、pp.27-44

詳細データ

敷地面積：2372.65m² **建築面積**：739.06m² **延べ床面積**：1081.42m²
建ぺい率：31.15% ＜ 60%
容積率：45.58% ＜ 100%
構造・階数：S造・地上2階建て
最高高さ：9.598m **軒高さ**：7.000m
敷地条件：第一種住居地域、文化財保護区域、飯田市景観条例地区
道路幅員：東2.7m、南3.0m
主な外部仕上げ：屋根／カラーガルバリウム鋼板 特殊塗装仕様 外壁／屋根同材、押出成型セメント板 リシン吹付仕上、フレキシブルボード 下見板張 撥水剤塗布 軒裏／けい酸カルシウム板 t=8+8 木目調塩ビシート貼 開口部／アルミサッシ ウレタン焼付塗装
外構：再生木デッキ t=30、ゴムチップ舗装
主な内部仕上げ：床／［0.5F］コルクタイル t=4 ［1F］床暖房対応複層フローリング（ナラ）t=15 ［2F］複層フローリング（カバ）t=15 ［2.5F］針葉樹合板 t=18 蜜蝋ワックス仕上 構造用合板 t=12 壁／PBt=12.5 ビニルクロス貼、一部掲示用ビニルクロス 天井／PBt=9.5 木目調ビニルクロス貼
主な什器：シナランバーコア t=18 ウレタンクリア塗装（仮園舎より転用）
電気設備：受電／低圧受電方式、契約電力 45kVA、動力 SB120A
空調設備：ヒートポンプAC（空冷）、石油ファンヒーター、床暖房
給排水衛生設備：給水／水道直結方式 給湯／ガス給湯器、電気温水器 排水／合流式、雨水は一部デッキドピットに貯水、再利用
防災設備：消火器、自動火災報知設備、誘導灯、非常用照明、頂部排煙窓より自然排煙
設計期間：2013年2〜11月
工事期間：2014年1〜7月
工事費：［建築］3億2736万5493円 ［外構］1565万6036円
園児数：140人
職員数：保育者27人、調理員5人
保育時間：8時〜16時（延長保育：7時〜19時）
写真撮影：太田拓実（新園舎）

郊外

本宮のもり幼保園 —— 園舎・園庭をまわり巡る平面構成

所在地：石川県七尾市
敷地面積：1594.61m2　延べ床面積：664.02m2
園児数：80人（0歳10人、1歳10人、2歳15人、3歳15人、4歳15人、5歳15人）
設計：意匠／谷重義行建築像景、構造／北條建築構造研究所、設備／越田建築環境計画、電気／川畠電気管理事務所
施工：戸田組

半外土間。珪藻土、苦汁（ニガリ）石灰を混ぜた三和土の土間は、調合を変えることで場所によって固さを調整している。玄関前では固くしまり、多目的ホール前では子どもたちが穴を掘ることができる。杉素木の低い壁は、足洗い場とシャワースペース。犬走りにはポンプに向かって、ボールが転がるくらいの緩い下り勾配がついている。ポンプの水は衛生面を考慮し、水道水を地中タンクに供給している

● 建築概要・目的

　七尾市内にある本宮のもり幼保園は、社会福祉法人本宮福祉会の運営する、0〜5歳児、定員80人の認定こども園である。築34年の旧園舎が耐震不足と診断されたため、運動場として利用していた場所を新たな敷地として、新園舎が計画された。敷地の北東側には本宮神社の境内（本宮の杜）が隣接し、南西側には田園と石動山の風景が広がり、七尾線を行来する電車が遠くに見える。また北西側のエリアには、庭や畑のある古い集落のなかに比較的新しい家も建ち並ぶ豊かな住宅街が形成されている。このような環境のなかで本宮のもり幼保園は子どもたちの「こころ」と「からだ」の育成を目指している。

　園の考えに沿って「多くの人々、多くの生きものとかかわることのできる、たくさんの本物とふれあうことのできる」保育環境を目指して計画した。犬走りと深い庇が園舎の外周をめぐり、どこからでも出入りができる。さらに雨や雪の日でも、泥んこ遊びのできる広い半外土間を設けた。農家の庭先のように畑から収穫した野菜や果物、森から採取した木の実、昆虫や魚が集まる場所となる。園舎、園庭、それをとりまく本宮の杜や田畑全てが子どもたちの遊び場となり、驚きと発見の場となるように「まわり巡る」環境を構築した。

本宮の杜。第2園庭に向かう子どもたちにとって 神社境内も園庭の一部

園庭。遮蔽性の小さいフェンスを通して、園庭とつながって見える田園と石動山の風景

ビオトープ。子どもたちが手押しポンプから汲みあげた水は、ビオトープに流れ 水中生物の潤いとなる

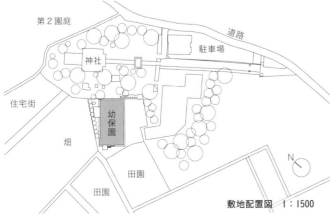

敷地配置図 1:1500

1階平面図 1:300

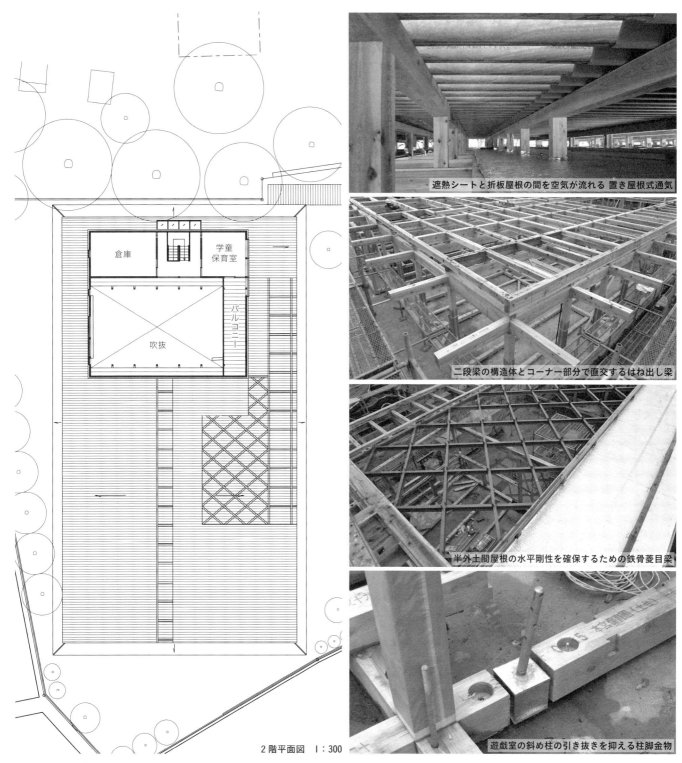

遮熱シートと折板屋根の間を空気が流れる 置き屋根式通気

二段梁の構造体とコーナー部分で直交するはね出し梁

半外土間屋根の水平剛性を確保するための鉄骨菱目梁

遊戯室の斜め柱の引き抜きを抑える柱脚金物

2階平面図 1:300

● 計画上のポイント

　建築デザインは空間デザインであり、園児たちの心の在り方や立ち居振る舞いに影響を与えている。1日の多くの時間を園舎で過ごす園児たちが、何かに拘束されているという感覚を抱かずに、自分の意思で自由に動き回れるという感覚を得ることが大切である。そのことによって、安心感と場面に即したメリハリのある落ち着きをもたらすと考える。また園舎のなかにはいろいろな空間が用意され、園児が好きな場所を探し、留まることができることも大切である。庇の付いた懐の深い大きな屋根は、その下に陰影があり、風が吹き抜け、自然の気配が流れる〈うち—そと〉の曖昧な空間を創り出す。園児たちが動き回り、いろいろな場所を探すことのできるベースである。これは日本の伝統的な建築の特徴の1つでもあり、建築を契機として、自然への親密さに基づいた空間に対する感性が培われることを期待する。

● 技術面のポイント

・構造は木と鉄の混構造。4.545mスパンは120×240材を、7.878mスパンは120×300材を束立てボルト接合した二段梁とし、土間上部面は鉄骨菱目梁とした。

・主要構造木材は全て半年から1年の天然乾燥材を使い、木材の繊維を壊すことなく、油分を保ち、ねばりのある、木材本来の性能を発揮できる耐久性の高い建築とした。

・外周の犬走りは、鉄筋コンクリートのキャンティレバースラブとして地面に同化したり、はね出したりと空間に

園舎外観。一枚の大屋根の下では 色と素材の異なる面が重層的に構成され、内と外の境界を曖昧にし、子どもたちのアクティビティを多様にしている。空調や給湯などの設備機械が、子どもたちの活動の妨げにならないように、園舎の外周に全く出ないようにしている

半外土間。天井の中空ポリカーボネイト材を通して自然光が注ぐ

絵本室。珪藻土壁に落ちる天窓の自然光とベンチに座って外を見渡す横長窓

多目的ホール。保育室を仕切る全ての建具は白い壁の内側に収納できる

保育室。保育室建具の上下に無双窓を設けて園舎内の通気を良くする

園児用トイレ。回遊するルートの一部となって通り抜けることができる

発表会のステージ風景。柱などの建築エレメントを利用して工夫が施される

玄関ポーチ。梁の繰り返しのリズムによって建物内に引込まれる

絵本室。トップライトに切り取られた天井

遊戯室。玄関上のバルコニー席と絵本室に続く列柱

遊戯室。木構造は長さ8mの二段梁と高さ5mの垂直柱と斜めの柱、厚さ60mmの水平厚板で構成し、自立するコンクリート壁は木造と縁を切り、構造外としている。コンクリート壁の両側を抜けると西側の広いウッドデッキにつながる。梁上部の通気窓は、電動リモコンで開閉する

3章 設計事例──立地・条件別 71

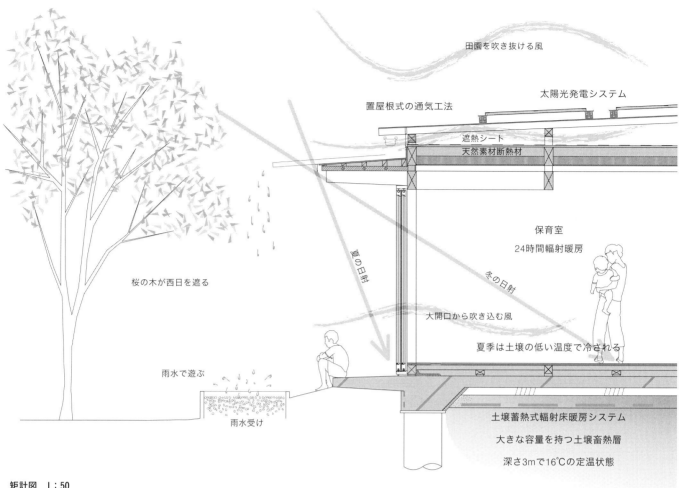

矩計図 1：50

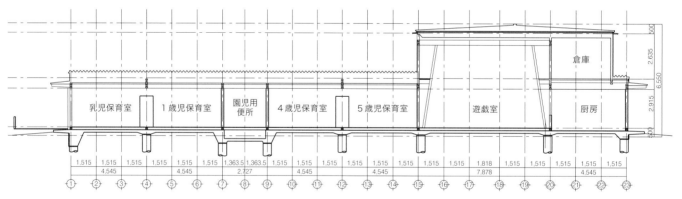

A-A' 断面図 1：220

変化をつけると共に、周囲の地面の沈下の影響を回避した。
・GL鋼板の置き屋根とポリカ折板により、広いトップライトのある大屋根を低コストで実現した。
・珪藻土、苦汁（ニガリ）、石灰を混ぜた三和土の土間は場所別に調合を変えて固さを調整した。

● 環境面のポイント
・隣接する神社の形態、特に銅板入母屋屋根の形態と競わないように、黒色GL鋼板のフラット屋根（緩勾配）を採用した。
・園舎の軒高を低く抑え、神社側からは園舎が境内の樹木に隠れ、周囲の住宅地や田畑からは、本宮の杜の景観が壊されないように配慮した。

・能登の建築資材（木材や珪藻土）を、構造材、下地材、内外仕上材、建具にふんだんに用いることで、地域森林の保全、地域産業の活性、運搬コストとエネルギーの削減等の一助とした。
・人口乾燥が化石エネルギーを使うのに対し、天然乾燥は太陽と風だけを頼りとする。これからの普及が望まれる。
・快適性の確保と環境への配慮として日本家屋の伝統的手法を採用した。例えば、中間領域の設定、置き屋根式通気（蔵の形式）、深い庇による遮光と通風、上下無双窓による換気、調湿自然素材の使用、樹木による西日遮蔽等。
・環境配慮型の新しい設備として太陽光発電システム（ソーラーパネル）、土壌蓄熱式輻射床暖房システム（サーマ・スラブ）電子瞬間湯沸機を採用した。

● 動線ダイアグラム

　年齢別のオーソドックスな部屋配置になっているが、年齢間の交わりがいつでも生まれる様に、部屋から部屋へ通り抜け出来て、さらに平面上の縦横二方向に通り抜けられる様にプランニングした。トイレさえも通り抜け出来る自由な動線計画の一部になっていて、園児たちが園舎内を周り巡ることで多くの体験を生み出している。事務室は管理上、厨房は衛生管理上、絵本室は居心地上、通り抜けを避けている。周り巡る体験は、中間領域の半外土間、犬走り、園庭へと広がっている。

隣接する神社や田畑に配慮して、軒高は低く抑えた

動線ダイアグラム

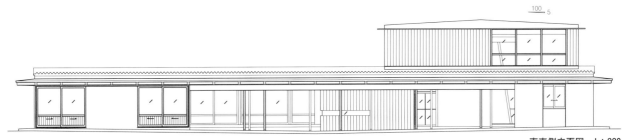

南東側立面図　1:220

詳細データ

敷地面積：1594.61m²　**建築面積**：650.28m²　**延べ床面積**：664.02m²
建ぺい率：40.78% ＜ 60%
容積率：41.61% ＜ 200%
構造・階数：木造一部S造・地上2階
最高高さ：6.550m　**軒高さ**：6.050m
敷地条件：第一種中高層住居専用地域
道路幅員：5.566m
主な外部仕上げ：屋根／GL鋼板立平葺き、GL鋼板折板、ポリカ折板　壁／白モルタル掻落し、サワラ縦羽目板張り　庇／GL鋼板立ハゼ葺き　軒裏／杉厚板t=60　開口部／木製サッシュ、アルミサッシュ　ウッドデッキ／能登ヒバ　半外土間／園芸用土　三和土土間ポーチ／コンクリートスラブ、木ゴテ押え
外構：アプローチ渡り廊下、片引き木製門扉、木板塀、ビオトープ池、樹木、芝
主な内部仕上げ：床／能登ヒバフローリング、杉フローリング　壁／珪藻土塗り、和紙クロス貼り　天井／AEP
主な什器：カバ集成材
電気設備：受電／三相三線式 6000V 60Hz　変電／キュービクル式　発電／太陽光発電システム
空調設備：土壌蓄熱床暖房、ルームエアコン、第三種換気
給排水衛生設備：給水／直結給水方式　給湯／電気給湯方式　排水／雑排水合流式
防災設備：消火器、自動火災報知機、誘導灯、非常用照明
設計期間：2010年1月〜9月
工事期間：2010年10月〜2011年4月
工事費：1億5000万
園児数：80人
職員数：15人
保育時間：7時〜20時

郊外

狭山ひかり幼稚園 — 多様な教室をもち、全体が遊び場になる園舎

所在地：埼玉県狭山市
敷地面積：2540.79㎡　延べ床面積：682.50㎡
園児数：100人（3歳20人、4歳40人、5歳40人）
設計：アタカケンタロウ建築計画事務所
施工：ゆたか建設

園庭全景。様々な空間を内包した大きなおうちのようなファサードが園庭を囲んでいる

● 建て替えにあたって考えたこと

　狭山ひかり幼稚園は創立40周年を迎えるにあたって、老朽化した園舎の建て替えを検討していた。既存園舎は北側の廊下に教室と遊戯室が連なる一般的な園舎の構成であった。こうした一般的な園舎の構成では、1人の園児が「自分の居場所」として認識する空間は「自分の教室」と「廊下」と「遊戯室」ぐらいである。ほかの教室へは、行くかもしれないが「自分の居場所」ではないので、あまり行かない。設計者はこの園の卒園生であり、自身の子どもの頃の経験と、設計開始時にスタッフと体験入園したリサーチを通して、もっとこの幼稚園にふさわしい園舎の構成があるのではないかと考えた。この幼稚園では、園児は登園すると荷物をロッカーに置いて、それぞれ好きな場所に遊びに行ってしまう。あるものは砂場へ、あるものは園舎裏の泥だんご製造場へ、あるものは絵を描き、粘土をこねる。「自由な遊びのなかから人生を歩むための様々な物事を学ぶ」ことを重視していて、集団（クラス単位）でお遊戯をしたり、勉強をしたりといったことはしない。既存園舎のような構成は、集団教育にはふさわしいかもしれないが、この幼稚園の子どもたちには「園舎のどこもかしこも自分の遊び場」になっていた方がふさわしいのではないかと考えた。とはいえ、帰りの会や運動会の練習といったクラス単位でやる

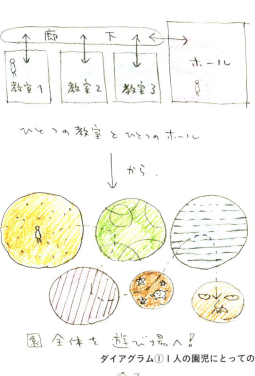

ダイアグラム①1人の園児にとっての遊び場

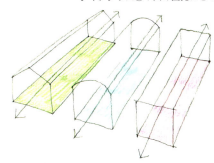

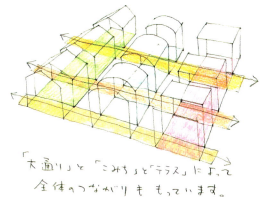

ダイアグラム②教室を串刺しにする

こともあるので、教室もやっぱり欲しいという声もあり、「全体が遊び場でありながら、個別の教室としても機能する」という一見矛盾するような構成を考えることになった。

そこで、教室を通路状の空間で串刺しにする構成を考えた。各教室はそれぞれが違った形や材質をしていて、子どもが環境を選択するきっかけになるような特徴がある。そのような多様な空間を、「大通り」「こみち」「テラス」の3本の通路状の空間が通り抜けることで、全体が様々な空間を持った遊び場になり、壁の間に仕込まれた建具を引き出せば、教室ごとに独立した環境をつくることもできる。通路状の空間に立つと、同じ場所であって

も、園庭の方を見ると教室それぞれの特徴的な空間が現れ、通りの方向を見ると小さな街並みのような空間が現れる。

園長先生は竣工から数年後のインタヴューで「出来てみて本当に面白い。子どもたちは最初にこの建物に入ったとき、まだなにもなかったのにものすごく遊んだんです。隅々まで使って。『建築だけで遊べるってすごいな！』と思いました」と語っていた。

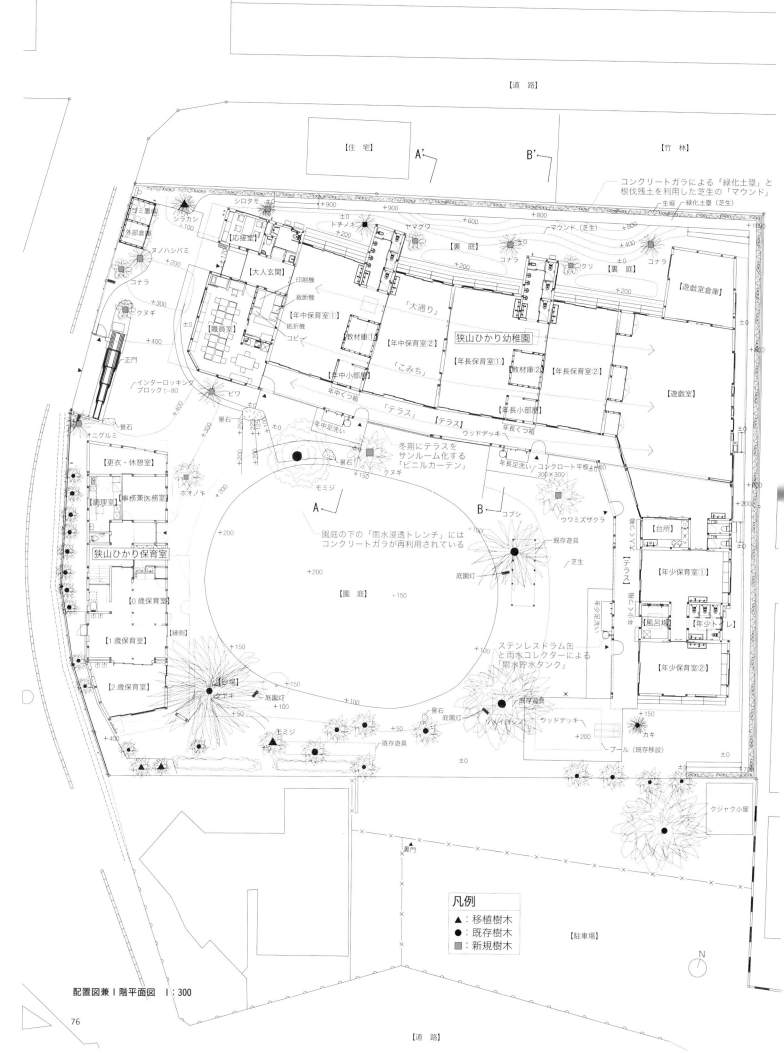

配置図兼1階平面図 1:300

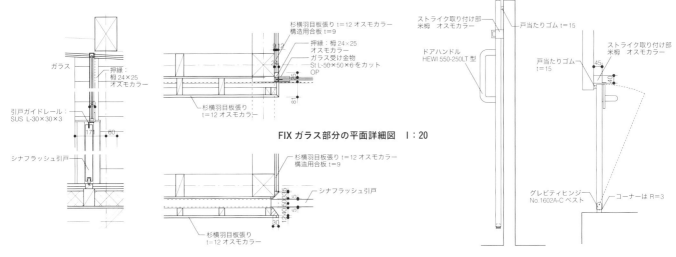

教室間引戸の平面詳細図　1：20　　　FIX ガラス部分の平面詳細図　1：20　　　教室間引戸の平面詳細図　1：20　　　トイレ建具の詳細図　1：20（左：断面、右：平面）

● 以前の園舎が体現していた文化を継承する

　以前の園舎は老朽化していて、ボロくて危ないところもあったが、ペンキを塗り直したり、網戸を張ったり、先生と保護者たちが協力して手を加え、大事に使われていた。そこにはその積み重ねでしか生まれない温かな雰囲気が漂い、多くの関係者が園舎に愛着を持っていた。物が積み上げられた倉庫に子どもが入り込んで荷物が崩れ、しかし笑いながら這い出して来る子どもたち。建具は勢いよく閉まるし、床は穴が開いて継ぎ接ぎになっている。多少乱暴に扱っても傷がついても全然平気。「自主的精神に満ちた、たくましい野性人」「踏んでも蹴っても死なない子」という教育目標を既存園舎の空間が体現していた。だから既存園舎を見てピンと来る人もいれば、入園を取りやめる保護者たちもいた。ある意味で園舎はフィルターになっていたのだろう。新しい園舎は、せっかく新しくなるのだから、安全性にはもちろん配慮しなきゃいけないし、キレイにもなる。けれども既存の園舎がもっていた、言外に漂う「文化」を継承しなければいけない。

　具体的に言うのは難しいけれど、例えば素材。時間がたつほどに味が出ることや、ネジくぎを打てて素人でも建物に関わりやすいことを重視して木を多用した。例えばディテール。もちろん、引き戸を引き込んでも手を挟まない枠回りの納まり、トイレのドアに手を挟まないように等、ディテールには配慮している。けれども、あからさまに安全に配慮しているようには見せない。むしろドライで、ラフに見えることに注意を払っていた。全てのコーナーも安全に配慮して「面取り」をしてはいるけれど、見た目には気づかないような、ギリギリのバランスで決定した。結果的に新築当初から、園舎はいい意味でラフに、気を遣わずに、使われている。

● 小規模保育施設「狭山ひかり保育室」との関係

　園舎に隣接して、2階建ての既存建物がある。もともと職員室や園長室、親たちの活動を行う会議室等が入ってい て、園舎新築時に一部を改修して預かり保育室として使っていた。これを2018年に改修し、0〜2歳児（定員19人）の通う小規模保育施設としてオープンした。3〜5歳児の延長保育の充実と併せ、共働きの増えた両親の就労状況に関わらず子どもたちを受け入れたいという思いや、小さな仲間が増えることが3〜5歳児にとっても豊かな経験を生むだろうと期待されている。改修部分は、もともとの園長室や和室、廊下等の壁を抜いて複数の空間性をもつワンルームとし、面積の不足する保育室分を南側に張り出す形で増築した。園庭側に張り出した縁側は、幼稚園の子どもたちと園庭を共有し、緩やかなつながりを生んでいる。

小規模保育施設「狭山ひかり保育室」。縁側を通して幼稚園児とつながる

狭山ひかり保育室の内部。手前は増築した2歳児室。奥は既存改修

3章　設計事例——立地・条件別　77

年中保育室②を裏庭方向に見通す。切妻の天井が奥では寄棟になり、こじんまりとした居場所を生み出している

年長保育室①を裏庭方向に見通す。北に向けて天井が片流れで下がっている。園庭側も裏庭側も開口が掃出し窓ではなく、少し閉じた箱のような印象

年長保育室②を裏庭方向に見通す。遊戯室側（右手）の壁が園舎全体の天井高のピーク（3833mm）であり、架構が露出しているため、天井を高く感じる

遊戯室。右奥が園庭で、正面の引き戸を開けるとキッチンがある。天井のアーチは集成材トラスの両面に構造用合板とシナ合板を重ねて張った垂壁

教室を貫通する「大通り」。各教室の断面が現れ、街並のような印象。クラスごとの活動は壁の間から引戸を出して仕切る。上部 fix ガラスのステンレスの框が引戸のレールを兼ねている

遊戯室付近の園庭側のテラスの様子。雨の日の靴脱としてデッキの一部をカットしているが、多くの子どもたちがここを溜まり場として利用する

園庭側のテラスは通路でもあり、玄関でもあり、遊び場でもある。ここで多くの時間を過ごす子どももいるらしい

園庭の全景。右手が幼稚園の園舎、左手が既存建物を改修した小規模保育施設（杉板の外装は断熱補強を行った部分）。テラスや縁側で園庭を取り囲んでいる

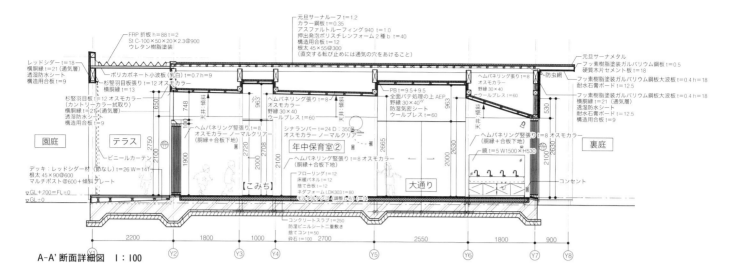

A-A'断面詳細図 1:100

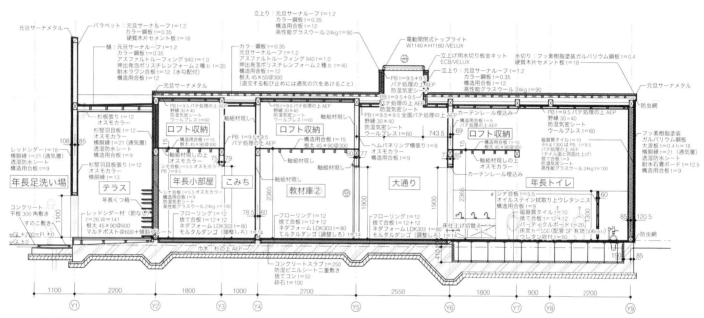

B-B'断面詳細図 1:100

● 構造のこと

　柱梁を集成材とした木構造で、基本的には在来工法である。各教室の天井のデザインを積極的に構造に生かし、屋根面に沿って連続する梁に対して、教室の区画ごとに方杖やトラスを構成しスパンを確保している。特に遊戯室では角材でトラスを組み、その両面に構造用合板を張ることで、最大約9.5mのスパンを経済的な部材で掛け渡しているが、このアーチ状のたれ壁が連続することでホールの空間を特徴づけている。

● 収納のこと

　既存の園舎は、倉庫化した教室や、いくつかの物置やプレハブが建っていて、収納に多くの面積が割かれていた。そこで設計時に既存の物品や什器を徹底的に調べ、その立体的な収納方法を検討して設計に落とし込んだ。こうした地味な作業によって、使い勝手を向上しながらも収納の床面積は合理的に削減され、子どもたちの空間が増加した。余計なモノや什器がない空間はすがすがしく、先生たちの活動もしやすいようである。そして結果的にコストの削減にもつながった。

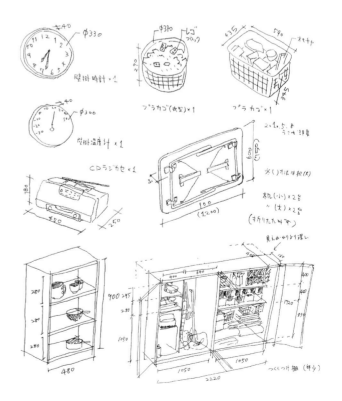

物品・什器調査の野帳

園舎全景(園庭側)

● 自然エネルギー利用のこと

屋外テラスは、夏季は日射遮蔽の役目を果たし、教室の熱負荷の軽減を図っている。冬季には低コストの透明ビニルカーテンを閉める事により、テラスが屋内のサンルームに変わる。冬季の晴れた日には、ここで暖められた空気を換気扇で教室内に導き、暖房負荷を軽減する。屋根面には太陽熱温水器が設置され、晴天時にはほぼ100％、冬期の曇天時でも約50％の給湯を太陽エネルギーによってまかなう。また園庭の足洗い場にあるステンレスドラム缶はリサイクルの雨水貯留タンクで、園児の水遊びや植栽への水やりに利用されている。

● 外観のこと

屋内の天井は緩やかに傾斜していて年長の教室と遊戯室の境界がピーク(3833mm)になっている。園庭側の外観は概ねこの形状を踏襲し、様々な教室を内包した大きな家(切妻)のシルエットが、絵本の背景のように園庭を囲んでいる。内部空間の天井高のピークと外観上の切妻のピークは一致しているかのように認識されているが、実はけっこうズレている。外観は書き割りのようなものだが、内部、外部がそれぞれ理想的な状態にあることを優先した。園庭側の仕上げは、経年変化のよさと耐久性を併せ持つ無塗装のレッドシダーである。多くの部分が延焼ラインに引っかかる北側は白いガルバリウム鋼板波板として明るさを確保するとともに、建物の周りを巡った時にがらりと印象が変わるようにしている。大切なのは俯瞰的な視点より経験的な視点である。

● 外構のこと

なるべく既存の樹木を伐らないように建物を配置し、必要なものについては移植をした。新しく植える樹木はこの地域の在来種から実のなるものを選定し、失われつつある武蔵野の雑木林の再生を図っている。既存園舎の深い布基礎は破砕してフトンカゴによる緑化土塁や、雨水浸透トレンチ等に再活用し、根伐残土も、園庭や裏庭の起伏をもった芝生のマウンドに活用している。場外搬出すれば廃棄物になってしまう全量のガラと残土を敷地内で使い切ることによって工事費用を軽減すると同時に、40年育んできたものの再構成を通じて、そこにしかない良質な園庭環境を形成している。

詳細データ

敷地面積：2540.79m² **建築面積**：760.87m² **延べ床面積**：682.50m²
建ぺい率：33.58％＜60％
容積率：32.72％＜200％
構造・階数：木造・地上1階
最高高さ：5.642m **軒高さ**：4.000m
敷地条件：第一種中高層住居専用地域、法22条地区
道路幅員：7.050m
主な外部仕上げ：屋根／元旦サーマルーフスチール防水工法、一部フッ素樹脂塗装ガルバリウム鋼板立ハゼ葺 外壁／レッドシダー、一部フッ素樹脂塗装ガルバリウム鋼板大波板
外構：芝生(ノシバ)、土(根伐土)、砂、インターロッキング、万年塀、PC板、緑化土塁(コンクリートガラ)
主な内部仕上げ：床／アッシュ複合フローリングt＝12液体ガラス塗料塗布(IOC)、磁器タイル 壁・天井／米ツガの上オスモカラー塗布、PB9.5＋9.5の上AEP、シナ合板の上オスモカラー塗布、レッドシダー無塗装
主な什器：既存什器の再利用及び現場製作(シナ合板フラッシュなど)
電気設備：受電方式／低圧受電方式 設備容量／45kVA
空調設備：暖房埋設式電気床暖房、ルームエアコン、換気第三種換気
給排水衛生設備：給水／直結給水方式 給湯／ガス瞬間湯沸器方式＋太陽熱温水器 排水／分流方式、雨水敷地内浸透方式
防災設備：消火器、自動火災報知設備
設計期間：2007年7月～2010年6月
工事期間：2010年7月～2011年3月
工事費：1億8740万(税別)
園児数：100人
職員数：17人
保育時間：9時～14時(延長保育あり)
写真撮影：masaco

| 郊外 | 改修・増築 |

認定こども園さざなみの森 ──時代に合わせて変化を続ける、里山の環境と一体となったこども

所在地：広島県東広島市
敷地面積：8573.06m² 延べ床面積：2211.92m²
園児数：275人（幼稚園177人、保育園98人）
設計：竹原義二／無有建築工房
施工：日興、フジタ広島支店、大和建設

敷地南側から園舎を見る。里山の初夏の風景

断面スケッチ　1：600

● 豊かな自然環境を取り入れた認定こども園

　板橋さざなみ幼稚園は酒処として名高い東広島市西条町に、建築家でもある現園長自らによる設計（光の棟）で1979年に開園した。以来40年に渡って時代の要請に合わせて建物を増築・改修し、自然の地形を活かした園庭のデザインを考え、周囲の田んぼや里山へとフィールドを広げてきた。

　賀茂学園都市建設基本構想と広島中央テクノポリス建設というまちづくり構想が並行して進み、都市基盤や産業基盤が整えられていく中で、子どもの人口増加に伴い3年保育の要望が高まり、1993年には風の棟（設計：遠藤吉生氏）が増築された。その建築は軽やかな鉄骨造で、集落の畑と視線が繋がるように設計されている。その後、子どもを取り巻く環境が大きく変化し預かり保育の需要が高まってきたため、2000年に遊戯室と保育室をもつ響の棟（設計：遠藤吉生氏）が増築された。地階は鉄筋コンクリート造、1階は木造でシンボリックにデザインされ、斜面地を活かした配置は階段とスロープを使って、それぞれの階で地面の高さから直接アプローチできるようにしている。

　周囲の環境が変わりゆく中、地域と連携しながら子どもだけでなく保護者も含めた全体の「育ち」を見守る役割が必要となった。そして2011年、幼稚園と保育園、子育て支援の機能を併せ持つ幼保連携型認定こども園に移行し、園の名前も「さざなみの森」として再スタートをきる。私たち無有建築工房は、園長の自邸を設計させていただいたご縁で、移行に伴う施設整備計画から園づくりに携わっている。0～2歳を迎え入れるにあたって光の棟に乳児のための沐浴室や調乳室を設置する大規模なリノベーション工事と、その前段階として耐震補強工事を行った。また、保護者・地域住民の活動拠点となる水の棟を増築した。光の棟は各保育室の園庭側の腰壁を撤去し、保育室からデッキテラスへと視線が連続するようにした。乳幼児のための新たな空間は、既存の鉄筋コンクリート造の空間に、子どもにあったスケールでつくりこんだ木造の軸組を入れ子状に挿入し、空間にメリハリをつけている。水の棟は周辺の山並みをなぞるような多面体の屋根をもつ。斜面地に浮かぶように建ち、住宅のように設えられた1階のカフェ（子育て支援室）からは里山を一望できる。地階には厨房を設け、子どもたちの食に関する取り組みを実践できるようになった。

　その後2015年に市の待機児童対策として、3歳児以上を想定した40人収容可能な吹の棟を増築した。さらに2018年には風の棟、響の棟の内外装、インフラの大規模修繕・改修工事を行った。その中で、風の棟の外部テラスを一度撤去し拡幅した上で増築、開閉自由な建具を入れて半屋外化することで空間の自由度を増すことができた。

　対話を重ねること、場所の力を読み解くことで、高低差のある広い敷地に、時代やその立地により様々な用途・構造・意匠をもつ個性豊かな建築群を、有機的に結び付けてきた。

園舎航空写真（2015年）

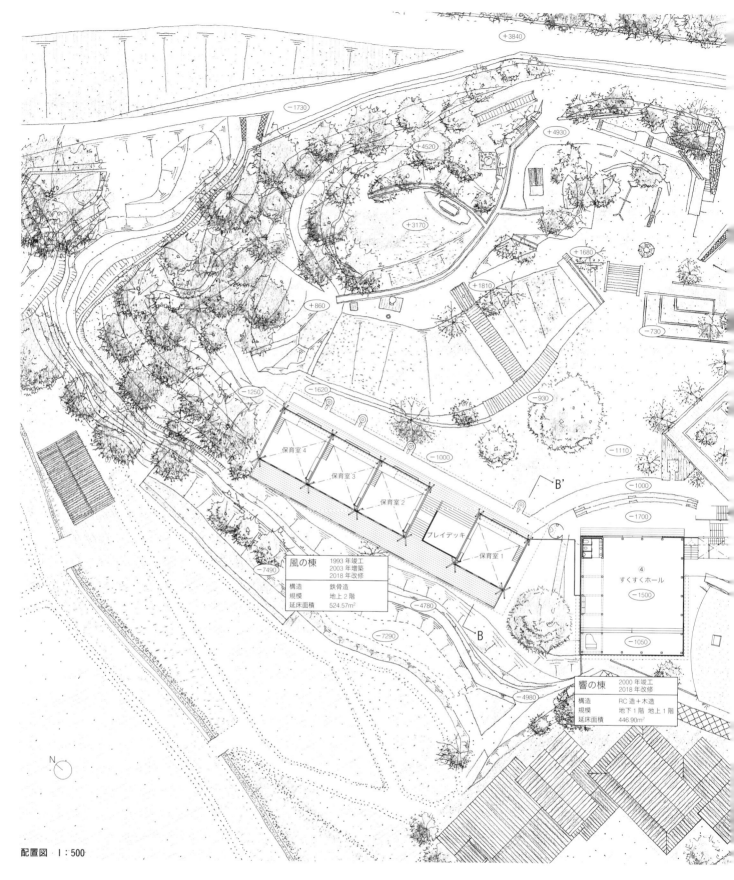

配置図 1:500

● 一所に収まらない保育環境

さざなみの森では認定こども園への移行を含め、これまで6期にわたって施設整備が為されている。園内に5棟ある園舎は、どれも里山の起伏を最大限に活かし、周辺環境と一体となるようにつくりあげられてきた。滞在時間や活動内容が異なる幼稚園と保育園という機能が併存する中でプログラムとオペレーションの整理が最大の課題であった。分棟で建ち、高低差がある既存園舎を活用していくにあたり、動線・配置計画に気を配りながら、園舎・園庭・周辺環境につながりを持たせた。3〜5歳の子どもたちはタイムスケジュールに沿って空間を移動しながら、遊びのなかから体感すること、五感で感じることを通してのびのびと活動している。

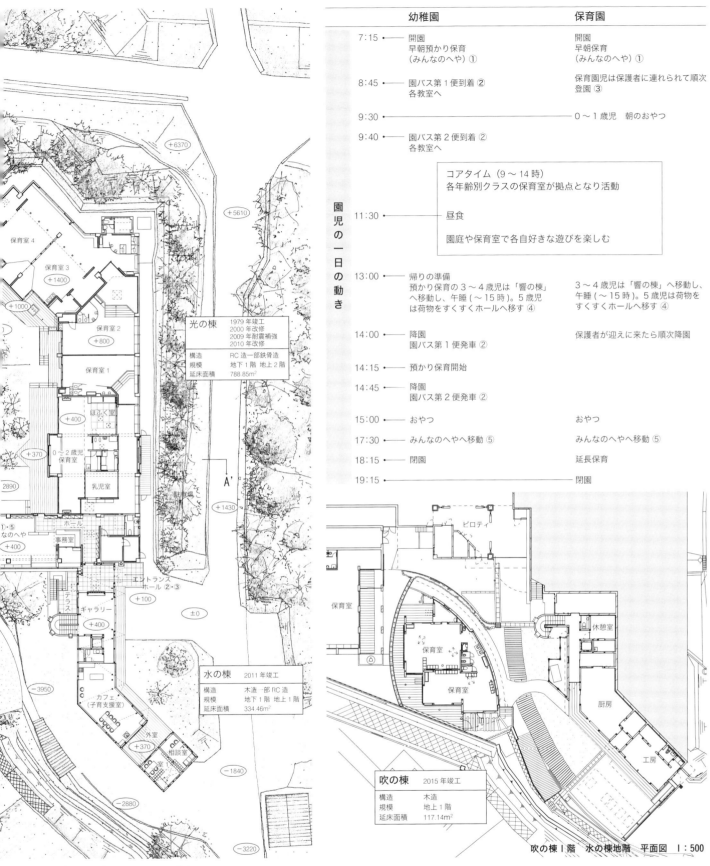

吹の棟1階 水の棟地階 平面図 1:500

園児の一日の動き

	幼稚園	保育園
7:15	開園 早朝預かり保育 （みんなのへや）①	開園 早朝保育 （みんなのへや）①
8:45	園バス第1便到着 ② 各教室へ	保育園児は保護者に連れられて順次登園 ③
9:30		0〜1歳児　朝のおやつ
9:40	園バス第2便到着 ② 各教室へ	
	コアタイム（9〜14時） 各年齢別クラスの保育室が拠点となり活動	
11:30	昼食 園庭や保育室で各自好きな遊びを楽しむ	
13:00	帰りの準備 預かり保育の3〜4歳児は「響の棟」へ移動し、午睡（〜15時）。5歳児は荷物をすくすくホールへ移す ④	3〜4歳児は「響の棟」へ移動し、午睡（〜15時）。5歳児は荷物をすくすくホールへ移す ④
14:00	降園 園バス第1便発車 ②	保護者が迎えに来たら順次降園
14:15	預かり保育開始	
14:45	降園 園バス第2便発車 ②	
15:00	おやつ	おやつ
17:30	みんなのへやへ移動 ⑤	みんなのへやへ移動 ⑤
18:15	閉園	延長保育
19:15		閉園

さざなみの森　開園からの動き

1979 光の棟完成。39人3クラスの幼稚園としてスタート。里山の起伏のある地形をできるだけ崩さないように園舎を計画した。

1993 園児の増加と3年保育の要望が高まる中、3つの保育室と開放空間を持つ風の棟を新築した。190名6クラス編成となる。

2000 響の棟新築・光の棟改修完了。急増する幼児人口に対応するために預かり保育を開始。01年から285名9クラス編成となる。

2002 豊かな園庭環境づくりの第一歩として、こどもたちが駆け回れるなだらかな丘の原っぱへ改造を開始した。

2003 幼稚園ニーズの高まりに応えるため、風の棟を1室増築した。3〜5歳児の保育室と預かり保育のキッズルームを整備した。

2009 1981年以前に建設された光の棟が、現行の耐震基準に対して耐力が不足していることがわかり、耐震補強を行った。

2010 認定こども園に生まれ変わるために、改修・増築工事をスタートさせる。光の棟の改修工事完了。

2011 給食、地域交流・子育て支援、工房という3つの機能を担う、水の棟の増築完了。300名12クラス編成となる。

2015 構造強度に問題のない虫害材を活用した吹の棟を新築。300名13クラス編成となる。

2018 風の棟と響の棟の大規模修繕・増築工事を行った。

3章　設計事例——立地・条件別　85

草屋根が被さった吹の棟と、その向こうに広がる里山の風景。右奥に見えるのは響の棟

東側道路から水の棟を見る。屋根は背後の山並みをなぞるように稜線を描く

敷地西側より風の棟を見る。豊かな自然環境が子どもたちの原風景となる

風の棟北側の1階部分を見る。起伏のついた園庭とつながる

水の棟の外室。里山の風景を切り取る

光の棟。RC造の間仕切りを撤去し鉄骨で補強した。あえて塞がずに空間につながりをもたせている

風の棟。大規模修繕時に内部化し、幅が拡幅された外廊下

葉脈状に広がった梁が空間を覆う吹の棟。正面に見えるトイレの壁面は杉材をログ組している

こども園化に際して増築した水の棟。建具を開放するとエントランス広場と一体化する

大規模修繕をした響の棟のすくすくホール。通常時は午睡や午後の異年齢保育の場として多目的に使用される

3章 設計事例──立地・条件別 87

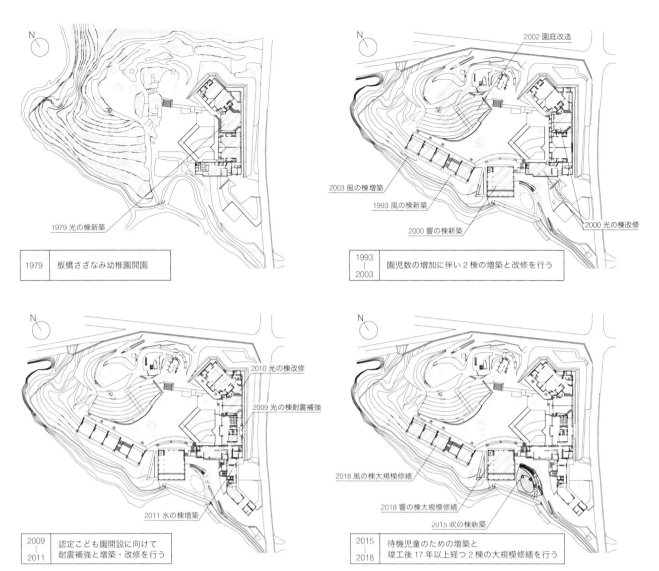

整備計画の変遷 1:2000

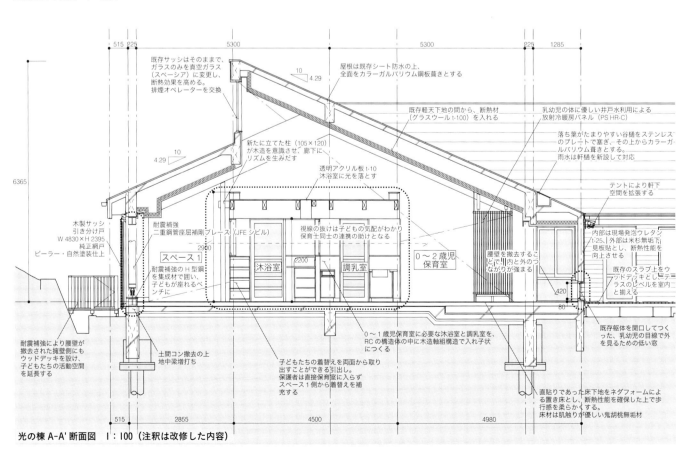

光の棟 A-A' 断面図 1:100（注釈は改修した内容）

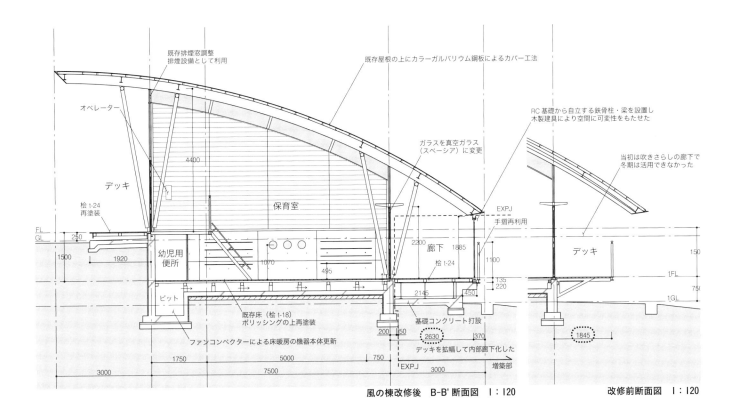

風の棟改修後 B-B'断面図 1:120　　改修前断面図 1:120

● 認定こども園化に至る道程

　開園当時から使用されてきた光の棟は新耐震基準以前の建築のため、園舎を継続して利用できるかを判断すべく2008年に耐震診断を行った。その結果、補強により耐震性能が確保できることが分かり、2009年度に耐震補強工事を行った。時を同じくして幼稚園から認定こども園への移行が決定したため、園の運営に支障がないように耐震ブレース工事のみ先行して実施し、壁の撤去や梁補強は、用途変更に伴う大規模な内装改修をする2010年度に併せて行うことにした。また、敷地が市街化調整区域に含まれることで、都市計画法でも用途変更（43条1項申請）が必要となった。しかし、当時は認定こども園という用途が存在しなかったため、"認定こども園化を見据えた保育園"への用途変更という形で、開発指導課から建築許可を取得した。

　それらの準備期間を経て、2010年度に光の棟の用途変更と水の棟の増築工事を行った。光の棟のみを幼稚園から保育園へ用途変更したのは、建物群が構造上・消防法上別棟扱いになるためである。用途変更にあたり、法適合の観点から排煙設備、内装制限、耐火要求への対応と、新たな消防設備の設置が必要となった。排煙に関しては、既存園舎が排煙オペレーターを完備しており、その調整・交換で対応できた。耐火要求に関しては、建物の規模が二層のため準耐火構造であることが求められ、木造の水の棟をイ準耐、鉄筋コンクリート造の光の棟をロ準耐とした。

　時代の要請に応えながら、保育の可能性や在り方を拡げるために、その時々の環境を読み解き丁寧に施設整備に取り組んできた。

詳細データ

敷地面積：8573.06m²　**建築面積**：1815.89m²　**延べ床面積**：2211.92m²
建ぺい率：21.18％ < 70％
容積率：25.80％ < 300％
構造・階数：[光の棟] RC造一部S造・地上2階　[風の棟] S造・地上2階　[響の棟] RC造＋木造・地下1階、地上2階　[水の棟] 木造一部RC造・地下1階、地上2階　[吹の棟] 木造・地上1階
最高高さ：9.166m
敷地条件：市街化調整区域、法22条区域、宅地造成規制区域
道路幅員：5.0m
主な外部仕上げ：屋根／ガルバリウム鋼板竪ハゼ葺・長尺一文字葺、シート防水の上竹炭入植栽土嚢敷　外壁／ベイスギ素地下見板張、ガルバリウム鋼板菱葺、水性ウレタン樹脂ローラー塗、RC打放、日干し煉瓦　開口部／木製建具、鋼製建具、アルミサッシ、トップライト　テラス／イタウバ
主な内部仕上げ：床／オニグルミ無垢フローリング、コルクタイル、チークパーケットフローリング　壁／珪藻土、煉瓦タイル張、OSB張、スギ板張、シナベニヤ張、ルナファーザー張AEP塗装　天井／珪藻土、ヒノキパネリング張、ルナファーザー張AEP塗装、ヒノキ無垢材120mm角現し
電気設備：受電／高圧受電方式
空調設備：水冷チラー方式（井水利用）、油炊きボイラー方式、空冷ヒートポンプ方式、放射冷暖房
給排水衛生設備：給水／直圧方式　給湯／ガス給湯方式　排水／合併処理浄化槽方式
防災設備：パッケージ型屋内消火栓設備、自動火災報知器、誘導灯、非常通報装置、消火器、自然排煙
園児数：275人（幼稚園177人、保育園98人）
職員数：56人
保育時間：7時15分～19時15分（延長保育時間を含む）
写真撮影：絹巻豊（p.86上・右中・左下、p.87右上・右中・左中・下）、園より提供（p.83左下）

| 郊外 | 増設 |

ささべ認定こども園 ── 0〜2歳が移動しながら過ごせる保育環境

所在地：長野県松本市
敷地面積：1425.33m² 延べ床面積：498.85m²
園児数：36人（0〜1歳12人、2歳24人）
設計：atelier-fos 一級建築士事務所＋福井工業大学藤田大輔研究室
施工：松本土建

前面道路から保育棟を見る。建物色調を抑え、深い庇とデッキで水平ラインを強調し住宅街からの独立性を高めた

●周辺環境との関係性

松本市の閑静な住宅街に建つ認定こども園である。幼稚園から幼保連携型認定こども園に移行するため、幼稚園からほど近い場所に、0〜2歳児が生活する場所を創出した。

建物は木造平屋建てで、敷地北側に細長い形態の管理棟を寄せ、敷地中央に正方形平面の保育棟を配置した。さらに管理棟に対して保育棟の角度を少し振ることで、保育棟の独立性と前面道路への正面性を高めるとともに、オープンな芝生庭、通り抜ける庭、木立のある庭と、異なった性格を持つ3つの庭を生み出した。保育棟外周の深い庇とデッキは、外部と内部の遊び環境をつなげる役割を担い、さらに3つの庭を巡るように回遊することを可能にしている。

また、管理棟にある多目的室は、同法人の幼稚園児、保護者、子育て支援を目的とした地域住民等様々な方が利用するため、駐車スペースからつながった北側のアプローチからアクセスさせ、保育利用者の動線を切り分けて独立して運営できる。この計画では制度に詳しいアドバイザー、子どもの遊びや生活環境について研究する研究者、設計者がチームを組んでプロジェクトを進めた。

広域配置図

子ども動線 ------▶
子どもは保育棟を中心に内外を自由に行き来できる

管理動線 ------▶
保育者は管理するため単純で機能的に行き来できる

地域動線 ------▶
外部利用者は、庇下の細長いアプローチを通り、保育活動とは別の動線で多目的室、木立の庭にアクセスできる

管理棟
保育棟

動線と領域のダイアグラム

住宅街のスケール感を意識してボリュームをコントロールし、街路樹との連続性を意識して植栽した

3章　設計事例──立地・条件別　91

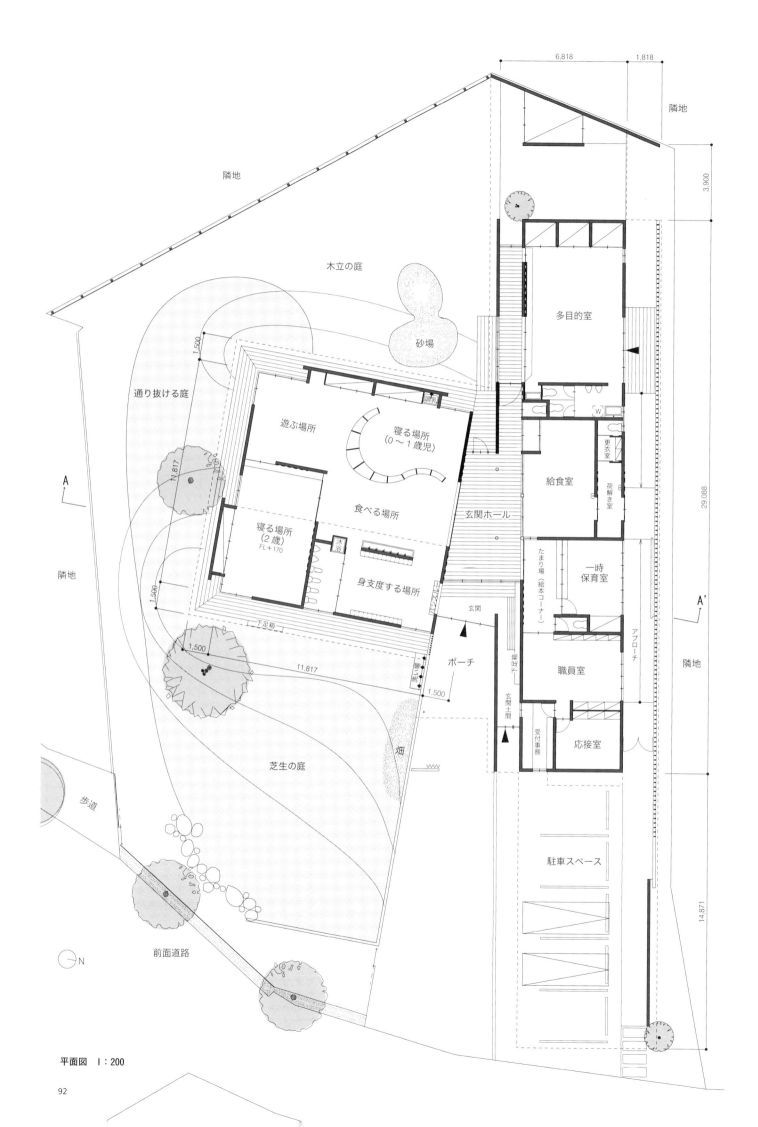

平面図 1:200

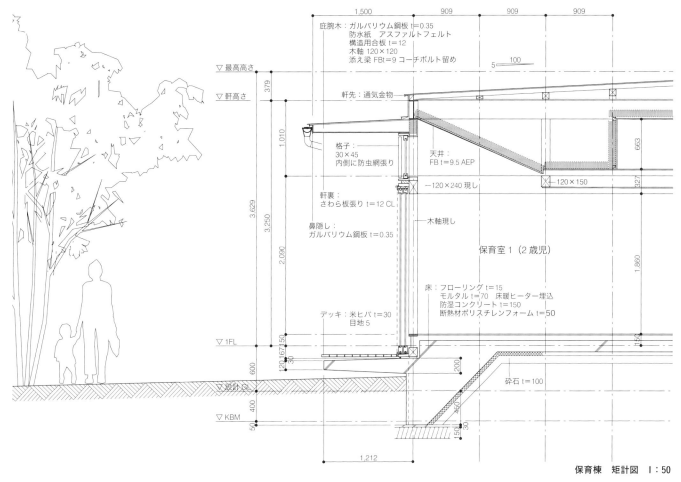

保育棟　矩計図　1：50

● 建築のねらい
・施主の「未就園児を受け入れる分園は、穏やかに過ごす「家」のような場を」というイメージを大切にした。
・制度上、本園との活動連携が多くなることが予想されたので、機能的に破綻しないようにした。
・0～2歳児の保育は、トイレとその前後の着替えが活動切り替えの核となるので、それらの機能を集約した「身支度する場所」を中心に、遊ぶ－食べる－寝る場所と関連付ける平面計画とし、スムーズな保育活動展開を意図した。

● 施主の要望
・子どもの環境と保育士の動線を担保してほしい
・遊び心のある空間にしてほしい
・本園で行われる子育て支援活動を分園に移設したい
・午睡用コット使用を想定した室面積を確保してほしい
・木のぬくもりを感じられる建物としてほしい
・シンプルで夢があり人の目を引く外観にしてほしい
・雨の日でも体を動かせるスペースがほしい
・園舎に見合った給食室の広さとし、調理風景を見られるようなオープンな雰囲気にしたい
・園バスを駐停車でき乗降できるスペースがほしい
・機能的でかつ衛生的な環境にしてほしい
・教材、おもちゃ、備品等の収納スペースを確保してほしい
・季節感を感じられる建物にしたい
・一時保育を想定した室を確保してほしい

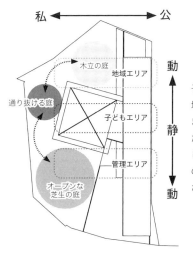

ゾーニングダイアグラム
（公－私、静－動）

子どもエリアは3つの庭に面し、地域エリアは木立の庭に面する。また、管理棟側が地域に開かれた公的な場所、保育棟を中心にして東西の庭（木立の庭、芝生の庭）では園児の活動が可視化される。

● 立地と配置計画・外構
・近隣の住宅街に相応しいボリュームや外観とするため建物を2棟（保育棟と管理棟）に分けた。
・街並みとの調和と雰囲気づくりのために前面道路から建物に向かって緩勾配の芝生の丘にし、建物の圧迫感をなくした。また、既存の街路樹と連続するように植栽した。
・保育棟は前面道路からのアイコンとして住宅との距離を確保して独立性を高め、深い軒の出、外壁と建具素材の選択によって圧迫感のないファサードとした。
・3つの庭は広さ、形状、表土の仕上げ、高低差がそれぞれ異なる仕様とし、遊び環境の要素が多様になるようにした。

玄関ホールから保育棟を見る。昼食時は右手側のシンボル家具で配膳する。左手側は天井高を1段低くし、空間に抑揚をつけている

広い玄関ホールは保育棟と一時保育スペースの活動の緩衝帯になる。調理の様子も垣間見れる

身支度する場所。生活に必要な機能をまとめ、活動展開の拠点となる

シンボル家具は遊ぶ－食べる－寝る領域を緩やかに区切り、曲線の内側は主に0～1歳の居場所となっている

手洗いは0～1歳児が蛇口に届く高さと奥行きとした造作家具である

多目的室。外部から直接出入りでき、右手側の廊下を介して木立の庭へつながる。格子戸を設けており、閉じれば廊下と仕切ることができる

通り抜ける庭から保育棟と芝生の庭を見る。シンボルツリーはソヨゴの株立ち

保育棟の軒下空間。軒裏とデッキを板張りとし、木質で囲んでいる

遊ぶ場所から木立の庭を見る。保育棟を囲む軒下空間はどの場所からも出入りが可能で、屋内外の遊びの領域を広げることを意図している

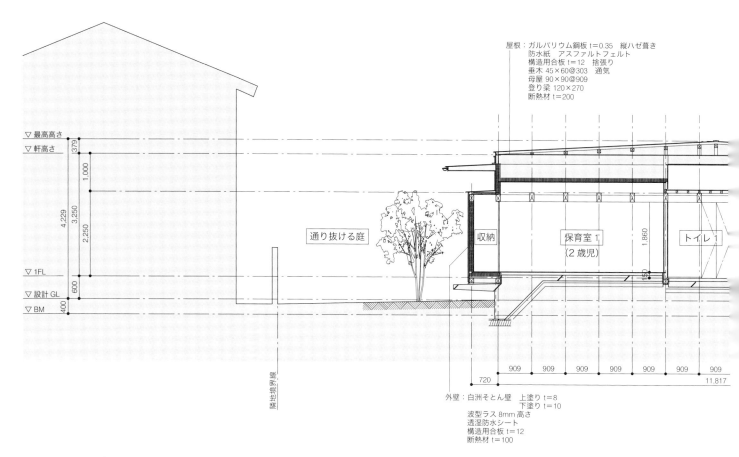

● 平面計画のポイント

・保育棟は広いリビングのような一体空間とし、天井の高さ、床の段差、造作家具によって遊ぶ－寝る－食べるを緩やかに分けられるようにし、子どもの発達に応じて活動内容・場所を選択できるようにした。
・子どもの活動をスムーズに行うために、保育室に面した手洗い・トイレと着替えのスペースを一体的に計画し、保育者も流動的に動けるようにした。
・玄関ホールを広く計画し活動の余地をもたせることで、通常保育が行われる保育棟と子育て支援等が行われる管理棟の連携をしやすくした。また、保育士がどちらの活動にも気を配れるように、玄関ホールと職員室がつながる配置とした。
・多目的室は本園と連携した活動やプログラムが想定されるため、在園児の活動を妨げないように外部からの動線に配慮し個別の入り口を設けた。
・空気の流れや視線の通りを確保した。

● ディテールのポイント
〈外観・ボリュームへの配慮〉

・保育棟は前面道路からの奥行き感や独立性を保つために床高さを前面道路から1mに設定し、盛り土した地面と縁側スラブの縁を切るために片持ちスラブとした。
・やや高めの軒高となったため、軒の出寸法と屋根を緩勾配とすることで水平ラインを強調し、全体のヴォリューム感を抑えた。
・前面道路から見たファサード面が大きいため、外壁と木製建具で面を分割し、かつ、建具上部は格子の欄間とし、通風と採光を確保しながら住宅のスケールに近づくようにした。また、園舎全体に重量感と柔らかさをもたせ、さらに、施主の要望を満たす素材選びをした。
・平屋建てとする際に生じる、保育棟と管理棟の庇の重なり問題を解消した。

〈安全性への配慮〉

・通常、住宅で許容できる危険箇所はそのまま許容する方針とし、重大な事故が想定される部分については子ども向けの配慮をした。例えば建具による指の切断を回避するために召合せ部分を切り欠いた。

● 特に苦労した点

・保育棟と管理棟の庇の重なり問題を解決しながら、建物のボリュームや室内の子どものスケール感を調整した。
・室内を緩やかに分けるシンボル家具の設計では、子どもが思わず関わりたくなるような部分をつくりながら、保育者にとって多機能であるという条件をクリアする必要があった。

● 施主や現場監督とのやり取り

・施主は事業として3歳未満児を保育するのが初めてだったため、具体的な保育のイメージや課題を丁寧に洗い出し、共有しながら設計を進めた。
・全体計画は50分の1、保育棟は20分の1スケールの模型を用いて、イメージと情報を共有していった。
・園の印象を決める外壁の素材や色については、工事中のサンプルでの検討を丁寧に行い、時間をかけた。
・現場に模型を持参し現場監督とイメージを共有した。
・現場監督は木造にも精通した方で、現場打ち合わせの際には棟梁と話をさせてもらえた。職人と設計者が意見を

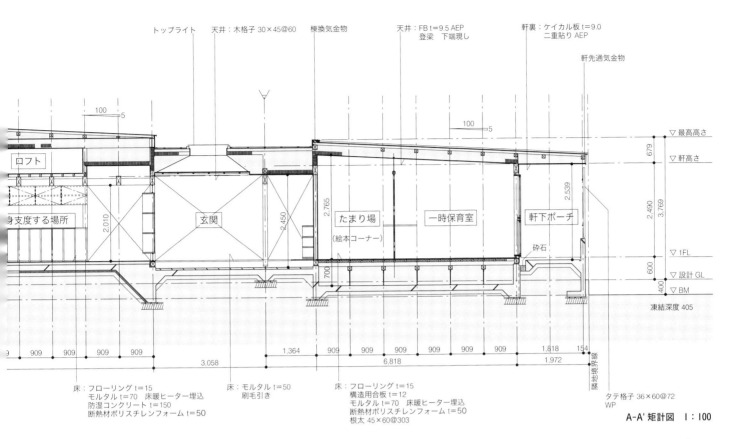

A-A' 矩計図 1:100

● 保護者や施主の評価
・異なる性質の庭があることで、場所を変えて多様な居場所や遊びの場を提供できている。
・木立の庭から芝生の庭まで連続的になっていることが、子どもたちの冒険心を掻き立てている。
・芝生の庭で子どもたちが坂を上手に使って遊んでいる。
・季節の変化も感じることができ、小高い位置に建つ園舎を介して自然の恩恵を感じられる。
・地域住民の方からも良い評価を得ていて、さらに関わりが増えている。
・多目的室への別動線と入り口を設けてよかった。よく使われ、子どもたちはそこを通るのを楽しみにしている。
・木のぬくもり、家具の曲線がホッとでき、居心地も良い。
・明るく、風通しが良い。また、空調も程よく効いている。
・床暖房がとても快適で、導入してよかった。
・コストの関係で床暖房を導入できなかった部分についても設置できたら良かったと後悔している。
・木製建具の開閉がしづらいときがあり、補修した。

● 保育施設設計で重視する点
・保育では乳児や幼児に生活習慣の基本を教える場面があり、園によってしつらえ等の細かい部分が違う。保育方針や保育士の動きを丁寧に読み解くことが大切である。
・子どものスケール感、遊びの多様性、内外の境界のつくりかた、保育者の動線、保育方針と平面計画のマッチングが必要である。

詳細データ
敷地面積：1425.33m² 　建築面積：547.22m² 　延べ床面積：498.85m²
建ぺい率：38.40%＜50%
容積率：29.50%＜80%
構造・階数：木造・地上1階
最高高さ：4.629m　軒高さ：4.000m
敷地条件：第一種低層住居専用地域、法22条地区、景観地区、長野県建築基準条例（広告物条例）
道路幅員：6.100m
主な外部仕上げ：屋根／ガルバリウム鋼板縦はぜ葺き　外壁／スーパーそとん壁、ジョリパットモエン大壁横目地なし工法　軒裏／さわら板、ケイカル板　開口部／木製サッシ（㈱森の窓）、アルミサッシ、トップライト
外構：木製ヒバt=25、樹木（ソヨゴ、コブシ）、芝、山砂、コンクリート土間刷毛引き
主な内部仕上げ：床／床暖対応フローリング（カバ）t=15直張り　壁／PBt=12.5の上AEP塗装、真壁　天井／PBt=9.5の上AEP塗装、一部木軸・根太現し
主な什器：シンボル家具シナ合板フラッシュCL
電気設備：受電／低圧引込み方式、設備容量単相22kVA、三相（一般動力18.6kW、家電厨房36.47kW、床暖房40.25kW（深夜電力））
空調設備：暖房／埋設式電気床暖房、ルームエアコン　換気／第三種換気
給排水衛生設備：給水／水道直結方式　給湯／電気給湯方式　排水／汚水雑排水分流方式、雨水宅内浸透処理
防災設備：消火器、自動火災報知機、誘導灯、自然排煙、非常用照明
設計期間：2013年8月〜2014年7月
工事期間：2014年9月〜2015年3月
工事費：建築1億1810万円、外構194万円
園児数：36人（0〜1歳12人、2歳24人）
職員数：正規保育教諭7人、非正規（パート）11人、調理員5人
保育時間：[保育標準時間] 7時30分〜18時30分（延長保育：7時〜19時）
　　　　　[保育短時間] 8時30分〜16時30分（延長保育：7時〜19時）
写真撮影：ROCOCO PRODUCE inc.

| 郊外 | 移転 |

川和保育園 —— 既存園の構成を踏襲しつつ新たな豊かさを生み出す

所在地：神奈川県横浜市
敷地面積：2355.77m²　延べ床面積：1262.60m²
園児数：181人（0歳6人、1歳15人、2歳24人、3歳40人、4歳48人、5歳48人）
設計：意匠／井出敦史（sum design）＋加藤克彦（テンジンスタジオ）、造園／田瀬理夫（プランタゴ）
施工：キクシマ

3棟からなる園舎

● 建物の概要

　1942年創立、川和保育園（以下園）の建替計画である。園は、子どもたちの生活の中心を保育室から園庭に移し、子どもたちが自主的に遊ぶことができる環境づくりで知られる。3歳児以上は、登園してから家に帰るまで9割以上の時間を園庭で過ごす。旧園は、ところ狭しと、樹木や水路・遊具が散りばめられた園庭を冬でも裸足で駆け回り、夏には、裸で池に飛び込む光景があり、子どもはこんなにも生き生きと遊べるものなのかと感じさせられた。しかし、近年園舎の老朽化に加え、周囲の環境変化（工業地域のため、周辺に工場が建ち並び、園庭への日照が確保できなくなっていた）により、保育環境の維持が難しくなっていた。そんな中、地主が旧園の土地を含む一帯の土地の有効活用を希望したことに端を発し、園は移転し建て替えることになった。

● 移転の経緯

　建て替えにあたり、この園に相応しい環境を用意することが我々の最初の仕事であった。話し合いの末、地主の生家があり、道路向かいにある自然の地形と森や古民家に囲まれた土地への移転が可能になった。

新園計画地
既存園
敷地鳥瞰

第1種低層住居専用地域
近隣商業地域
川和保育園（旧）
川和保育園（新）
工業地域
第1種住居地域
第1種低層住居専用地域
広域配置図 1:3000

新園舎鳥瞰

豊かな環境だった旧園庭

3章　設計事例——立地・条件別

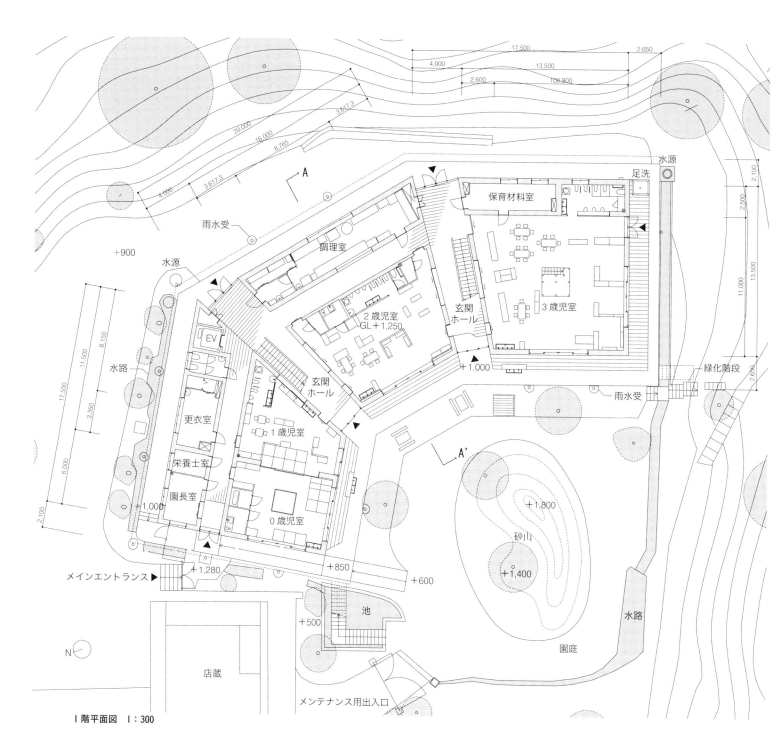

1階平面図 1:300

● 園からの要望

園から強く求められたのは、園庭への日照(西日)確保、既存園の動線の踏襲、メンテナンスの容易性であった。ほかにも下記の要望があった。

〈建築・保育室に対しての要望〉
・保育士間のコミュニケーションを簡易にしたい
・死角を少なく、開放的にしたい
・仕上げ材は、可能な限り自然素材を使用したい
・既存遊具が入る天井高さが必要

〈園庭に対しての要望〉
・園庭に地下水を利用した散水栓を多く設置して欲しい
・園庭を一周する水路を設置して欲しい
・旧園と同等以上の広さを確保したい
・メンテナンス用出入り口を園庭に設置したい
・園庭は、山砂としたい

● 配置計画・園庭

・東南の山斜面に寄り沿いながら西側に園庭を包むように配置、長時間西日が見込めるとともに、山斜面を園庭に取り込める配置とした。
・新園舎と地主所有の蔵を並列させて、新旧建築混在の状況において、視覚的違和感のない配置計画とした。
・150年以上前に植えられた庭木は、可能な限り移植し、庭石も全て敷地内の外構に再利用した。
・雨水は、園庭下部のトレンチを通り、既存の自然池に流れ込む計画とした。トレンチの材料は、古家解体時に発生したガラや、伐採した孟宗竹等を利用した。
・地主が特に思い入れの強かった書院は、敷地の西側に曳き、修繕した。

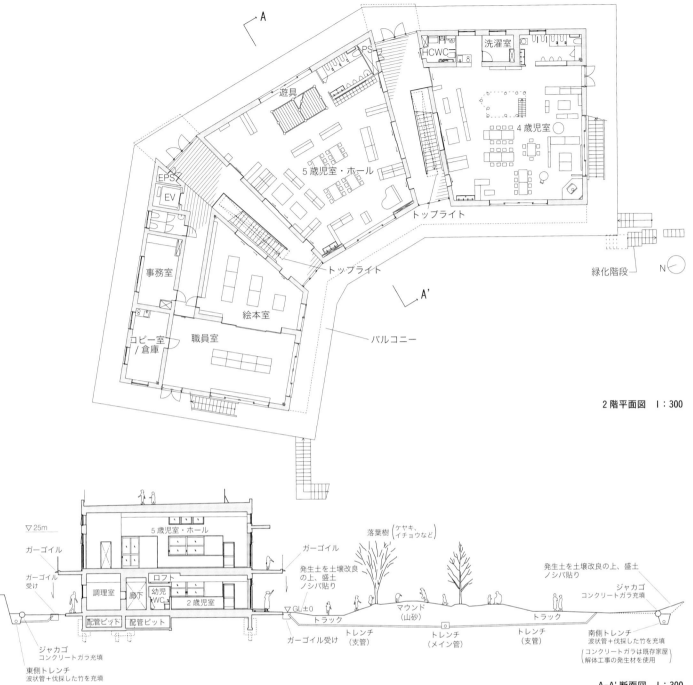

2階平面図 1:300

A-A'断面図 1:300

● 建築計画

・既存園は、3棟の建物が、バラバラに増築されているだけのように見えていたが、建物や階ごとに保育室が分かれ、それぞれの棟の玄関から登下園し、園庭へは各保育室から出入りするという明快な平面計画が確立されていた。新園舎の基本構成は、これらを踏襲している。そうした希望を成り立たせつつ、敷地形状に合わせた柔軟性のある構成を考えた。

・既存園の構成を踏襲し、建物を3つに分け、建物間を階段室を兼ねたホールとして結び、園児は各玄関ホールから登下園し、園庭へは分散した各保育室から出入りする。これにより、旧園の増築による動線の長さを解消し、同等の受け入れ体制を再現した。

・ホールを単なる廊下としてではなく、多目的に利用可能な広さとした。夏場は暖気が、両端に設けた突き出し窓の高窓へと導かれ、熱が排出される。自然換気を助長し、機械空調に頼らない建築のあり方も目指している。

・3棟の建物は、各棟2階の天井高を機能に応じて変えている。中心の5歳児室は、4445mmと高く、大型遊具設置が可能。また遊戯室の機能も持たせている。

・各保育室の園庭面に大開口を設け、園庭に直接出られる、また、2階の保育室からも園庭に出やすいように、奥行のあるバルコニーを廻し、園庭に直接下りられる階段を両端に設置した。バルコニーは建物のまわりを一周しており、園庭から既存家屋、既存森の斜面へと、変化する景色のなかを回遊可能で、また屋上にも階段で上れる。更には棟間に架けた階段により屋上から屋上へ渡ることが可能となり、動線的にも視覚的にも園庭と園舎、斜面を含めた環境全体のメンテナンス性を高めている。

・各棟を結ぶホールに向け大開口部を設け、ホール越し

各保育室から玄関を介さず、園庭に直接出られる

地下水を組み上げ、ガラを再利用し水路とした

保育室に設けられた開口

大開口部を設け、コミュニケーションを簡易にしている

遊戯室を兼ねる、5歳児室

バルコニーが園庭へのアプローチを簡易にしている

既存建物や園舎が、園庭を覆うように配置

5歳児保育室とホールは大開口でつながっている

ホールを単なる廊下としてではなく、多目的に利用可能な広さとした

3章　設計事例——立地・条件別　103

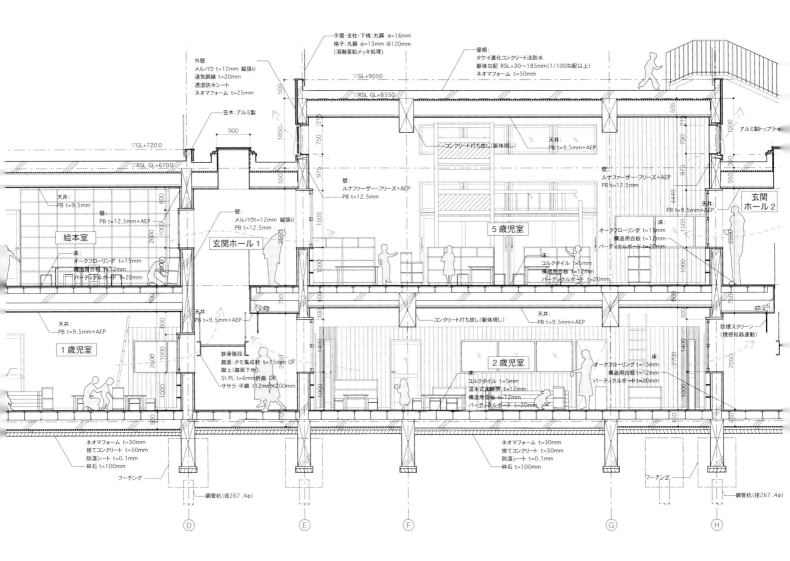

　に隣の保育室が垣間見えることで、気配を感じ、コミュニケーションを簡易にしている。
・3棟にそれぞれ配置した保育室は、幼児用の水回りスペースを板張りのボリュームとして室内に取り込んだり、大きな空間を支えるコンクリートの梁を現したりと、空間を仕切るきっかけをつくった以外は、造りこまず日々変化する園の保育活動の自主性に委ねた。
・使い勝手とメンテナンス性、西日、素材、既存園のイメージをなぞりながら新しい土地に定着させ、より機能的で豊かな保育園へと刷新していく作業を紡いだ結果、園舎が園庭と既存環境との間に建ち、子どもたちに様々な居場所をつくりだす大らかなプラットフォームになったのではないかと考えている。

● 今後の展開

　現在運用されている平場の園庭は、広大な土地のほんの一部である。隣接している既存緑地の緩やかな勾配は、傾斜地を利用した遊具設置に適している。屋上は、将来的に園庭として活用可能なように、設備を1棟（北建物）に可能な限り集中させ、残り2棟を橋で結び、広場を確保している。また隣接する地主所有の園庭は、曖昧に仕切り、将来園庭として利用できる可能性を残している。今後、川和保育園ならではの「園庭」が広大な斜面を取り込んで拡張していく事を期待する。

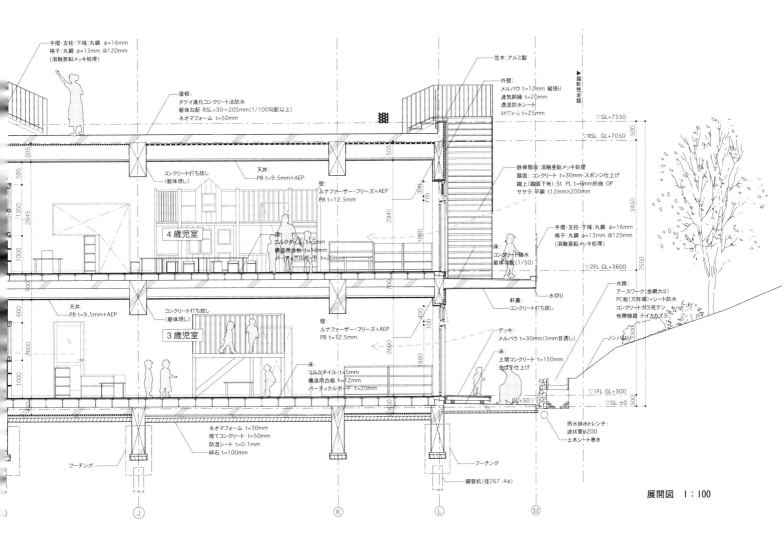

展開図 1:100

詳細データ

敷地面積：2355.77m² **建築面積**：773.42m² **延べ床面積**：1262.60m²
建ぺい率：32.83% ＜ 45.00%
容積率：52.98% ＜ 106.82%
構造・階数：RC造・地上2階
最高高さ：9.050m **軒高さ**：8.550m
敷地条件：第一種住居専用地域、近隣商業専用地域、第一種低層住居専用地域、準防火地域、法22条区域内、第一種高度地区、第四種高度地区、第五種高度地区、市街化区域、宅地造成規制区域内
道路幅員：8.193m
主な外部仕上げ：屋根／タケイ進化コンクリート法防水 外壁／高圧熱処理メルバウ縁甲板 t=12mm、コンクリート打ち放し 軒裏／コンクリート打ち放し 開口部／木製サッシ、アルミサッシ、トップライト
外構：樹木（ハクウンボク、オウゴンカシワ、ケヤキ、イチョウ、タラヨウ、アンズ、ノシバ他）、山砂、コンクリート土間スポンジ仕上、フトンカゴ、階段カゴ、GDMフェンス（5×緑）既存ガラ、石等
主な内部仕上げ：床／コルクタイル t=5、無垢オーク材 t=15 OF 壁／PBt=12.5 ルナファーザー貼りの上 AEP塗装、高圧熱処理メルバウ縁甲板 t=12mm 天井／PBt=9.5の上 AEP塗装
主な什器：オーク材造作家具
電気設備：受電／高圧受電引方式、設備容量 1Φ75kVA 3Φ150kVA
空調設備：ヒートポンプパッケージエアコン方式、熱源電気
給排水衛生設備：給水／増圧直結給水方式、給湯／局所給湯方式 排水／重力排水＋ループ、伸張通気方式
防災設備：消火器、自動火災報知機、誘導灯、自然排煙、非常用照明
設計期間：2015年1月〜2017年1月
工事期間：2017年2月〜2018年4月
工事費：建築4億6900万円、外構1707万円
園児数：181人
職員数：40人
保育時間：平日7時〜19時 土曜日7時〜18時
写真撮影：畑亮

| 都心部 |

小梅保育園 ── 垂直に重ねた保育室にはテラスから風と光が入ってくる

所在地：東京都墨田区
敷地面積：130.09m² 延べ床面積：396.24m²
園児数：60人（0歳6人、1歳6人、2歳9人、3歳13人、4歳13人、5歳13人）
設計：象設計集団
施工：共立工業

スカイツリーのそびえる街で保育室も縦に積み重なる

2階テラス。1階のアカシデがテラスまで伸びて木の葉に触れられる

● 都市の小さな敷地に保育園をつくる

　昔ながらの下町、東京都墨田区向島。近くには隅田川が流れ、町工場が立ち並んでいる。そんな下町にスカイツリーが完成し、新しい賑わいが生まれた。

　またたく間に若い世代が流入し、新築のマンションが増え、子どもの数も増えていった。しかし、余剰地が少ない人口密集地で地価が高いために、ニーズと反比例して保育園を建てられる場所はとても少ない。墨田区において近年新築された園舎の多くが、4〜5階建のビルタイプか、大規模施設の一部フロアを利用したものとなっている。

　小梅保育園はより多くの子どもの受入れと施設の充実を図るため認可保育所として新築することとなったが、用意できたのはわずか130m²の小さい敷地であり、そのなかに定員60人を受入れる園舎をつくることとなった。

　厳しい状況だからこそ、この園に向けられた期待は大きい。ここには都市の保育園が直面する多くの課題への試みが詰まっている。

エントランス。個性のある門扉で出迎える

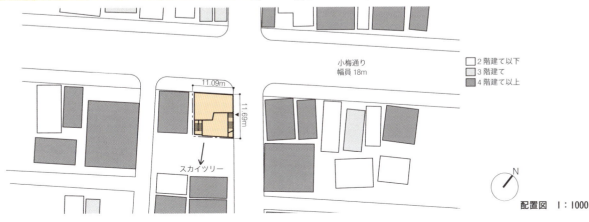

配置図 1:1000

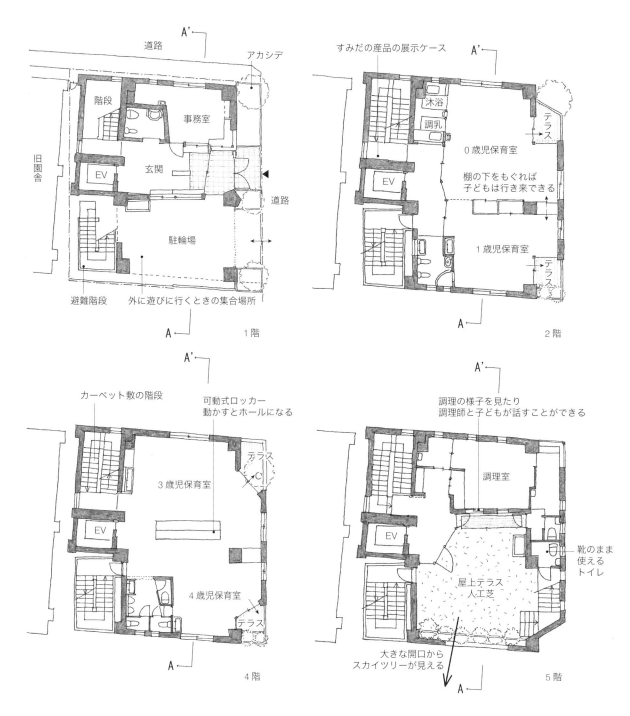

● 配置計画

・狭小敷地

　敷地は近隣商業地域の広い通りに面した角地。周辺は4〜5階建の小規模中高層が肩を寄せ合って立ち並ぶ。

　建ぺい率100％、容積率300％、建築可能な床面積390m2は、縦動線を持つ60人定員の保育園をつくるには相当に厳しい数字である。

　敷地は角地で建ぺい率が100％であるので、敷地いっぱいの配置を検討した。縦動線を隣地に接した南西側に集約し、居室が極力外気に面するようにした。開口を対角に取ることができれば、外気を取り入れ、室内環境を向上させることができる。縦動線は2方向の階段とEVの設置が求められるが、それらを結ぶ廊下を含め動線の面積を徹底的に最小化し、保育室をできるだけ効率的に確保した。それでも各保育室の床面積は、認可に必要な有効面積のギリギリを取るのがやっとである。

・保育室

　保育室は2〜4階に配置している。エントランスに近い2階を0歳児室、1歳児室とした。毎朝の通園が楽になる位置であり、緊急時に自ら歩けない子どもを避難させやすい階とした。

　4階は3歳児室、4歳児室を一続きの部屋とし、必要に応じてホールとしての利用ができるようにした。

　中間の3階には、2歳児室と5歳児室を配置した。どちらも独立した保育室を求められたので、この2室を隣接させた。

・そのほかの階

　1階にはエントランス、事務室等1階に必要なもののみを配置し、それ以外は容積率に算入されない駐輪場を設けた。駐輪場は、建物が敷地いっぱいに建てられていても外の広場として機能し、園外散歩へのお出かけ前の集合場所にもなる。

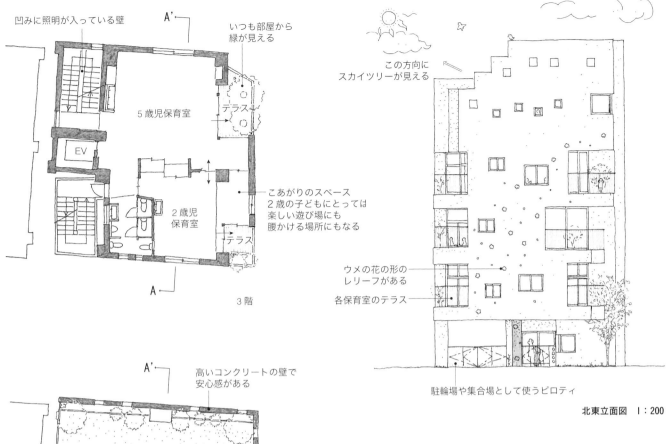

各階平面図　1：200

北東立面図　1：200

　調理室は5階に設けた。子どもたちの部屋を優先して下階に配置した結果でもあるが、万が一の火災の場合でも、子どもの安全がもっとも守られる配置でもある。

　屋上には土の園庭を設けた。狭くても身近に土に触れられる場所があることは、子どもたちの身体づくりにとても大切なことである。

● 平面計画

・テラス

　保育室は、子どもたちが1日の大半を過ごす、生活環境そのものである。地上から離れた普段の生活のなかで「外」を感じられるように、それぞれの保育室にテラスのある構成を考えた。これが小梅保育園の一番の特徴だ。

　子どもは敏感で、直感に正直である。風が通り、太陽の光を感じ、時に街の喧噪を聞く「外」での開放性が彼らをリラックスさせる。それがテラスの役割である。

　テラスは部屋の角に食い込むようにあって、「外」を部屋のなかに割り込ませた形となっている。四角い保育室の角を崩すと、部屋に方向性やリズムが生まれる。生活のなかに動きが出てくる。

　テラスは室内とフラットに連続させている。保育室が継ぎ目無く拡張し、面積以上に活動の場が広がる。

　また、テラスには植木鉢やプランターを置けるようにした。子どもたちのそばで、小さな木漏れ日が生まれ、葉は風にそよぎ、土の臭いと花の香がする。

・保育室

　2階の0歳児と1歳児、3階の2歳児と5歳児の保育室は、生活リズムの違うクラスが隣り合っているが、構造壁を設けずに、収納棚を間仕切り壁とした。収納棚は両面から使えるように分けているが、ロッカー、布団収納等用途ごとに必要な奥行きを組み合わせ、最小寸法に押さえている。間仕切りの上部には窓を設け、2室を通して対角の開

3階テラス。暮らしのそばに緑がある

2歳児保育室。奥にテラスへ続く小上がりがある

調理室を覗く子どもたち

どの部屋も街につながるテラスがある

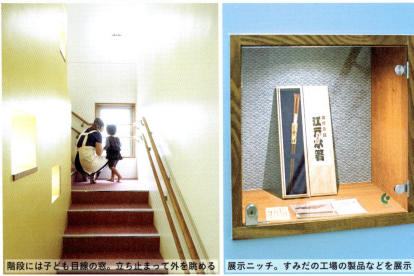
階段には子ども目線の窓。立ち止まって外を眺める

展示ニッチ。すみだの工場の製品などを展示

遊戯室のスペースがとれないので3、4歳児室をつないでホールとして使う

屋上園庭。道路側は高い壁で囲って安心感があるつくりにしている

エントランス。道路から一歩後退させて関係をやさしくする

屋上園庭。すぐ下のテラスに面する側は手摺を回して見晴らしを良くしている

開口部を多く設けて光と風を入れ、開放感をつくる

3章　設計事例——立地・条件別　111

口部から風が抜けるようにした。

2歳児保育室には小さな小上がりを設けた。上り下りをすることが楽しい年齢でもあり、また着替えの時にも、本の読み聞かせの時にも、腰をかけるのにちょうどよい。

4階の3歳児と4歳児の保育室は、年齢も近く、生活リズムが似ているため、一部屋の空間にして可動のロッカーだけで緩やかに区切った。誕生日会等の集まりのときはロッカーを移動させればホールになる。

全てを同じような部屋にするのではなく、異なったタイプの保育室をつくることで、様々な活動に対応するように計画している。

・屋上園庭

屋上園庭は、2つのレベルからなっている。

5階の調理室前には人工芝張りの屋上テラスがある。天気のいい日は子どもたちがここで給食をとる。テラス側から調理室のなかをのぞく窓があり、子どもたちは調理師さんが料理する様子を眺めたり、今日のメニューを聞いたりしている。夏には日除けのタープを掛け、プールが作られる。

最上階の屋上は土と砂場と畑のある、どろんこの庭である。遮るもののない屋上は、天気がよければ太陽の光が降り注ぐ。隣接した高い建物がなく、空が大きく見える園庭は開放感抜群だ。

園庭の囲い方も工夫した。実質地上6階ともなると、見下ろしたときは相当の恐怖感があるが、道路側は壁を立ち上げることによって、囲われた安心感があるつくりにした。スカイツリー側は、前に5階の庭が広がり怖さがないので、目線の通る手すりを回して、開放的な面をつくり広がりを出した。

・エントランス

1階エントランス部分は、外壁が道路からセットバックし、駐輪場がピロティになっているため、視線が抜ける。5階建ての壁がそびえ立っているとなんとなく離れて歩きたくなるものだが、1階部分に抜けがあることで人間的なスケールに感じ、迎え入れる親しみのあるエントランスとなっている。

エントランス周りには、梅をモチーフにした門扉、鮮やかな色使いで変な形をした柱、木製の玄関戸等、楽しくなる要素を盛り込んだ。子どもたちにとって楽しいデザインであることはもちろん、迎えに来る保護者がほっとする玄関にしたいと考えた。

●ディテール

・やわらかくあたたかい素材

構造が固い鉄筋コンクリート造であるからこそ、内部は柔らかい床、寄り添いたくなる壁となるように、内装、床、腰壁、家具、子どもたちが触れるところにはできるだけ木を使った。

天井の照明や小さな流しは家庭用器具を利用し、家庭的なあたたかさを感じられるものを選定した。

震災復興による工事費高騰の時期の工事は、使える材料

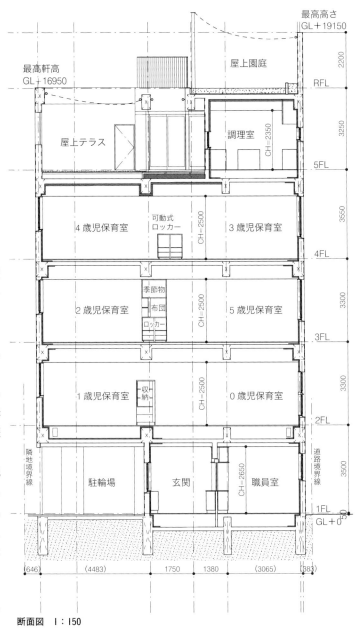

断面図 1:150

も限られていたが、子どもたちに心地よい材料を使いたいという思いは、保育者も設計者も同じだった。いくども打ち合せを重ね、サンプルを持ってきては触ったりなでたりして材料の特性を確かめながら細部を決めていった。

・上りたくなる階段

小梅保育園は縦に長い形をしている。平面的な広がりが持ちにくい分、縦の動線は空間を作る重要なポイントである。毎日上り下りする階段だからこそ、楽しく上れる場所にしたいと考えた。

裸足で歩く子どもたちにとって心地よい階段であるように、踏み面はカーペット敷にした。また、照明を壁面に入れ、天井からの光ではなく子どもたちに近い部分から照らし、体感的に明るく感じるようにした。中央の壁は明るい黄色、床のカーペットは「小梅」らしいピンク色。自然光が入りにくいぶん、色で明るさと温かさをつくった。

階段の踊り場の窓は子どもの視線に合わせた低い位置に設けた。周囲の街並みの様子が目に入ることで、次第に上がって行く様子を感じることができる。長い階段に飽きたときの気分転換にもなるだろう。

階段の各階の壁は、その階を表す色にした。ぐるぐる回っていると、何階に居るのかわからなくなってしまうこともある。子どもたちは「赤い階は2階」のように覚えていく。ハイハイしたり、必死に手すりを掴みながら、毎日階段を上り下りしている。

　階段の壁には園長のアイデアでショーケースを設けた。このショーケースには、ものづくりの墨田ならではの職人による工芸品や日用品が飾られている。内側には江戸千代紙を貼った。小さな仕掛けだが、子どもたちの日常のなかにこの土地らしさを盛り込んだ。箸やゴム風船、江戸切子のグラス、おちょこも飾られていた。

・梅のマークがある特徴的な外観

　「小梅」はこの地の昔の地名であり、小梅保育園はその地名を残し伝えている。そこでまちのシンボルとして地域の人びとにずっと愛される存在となるように、特徴のある外観にしたいと考えた。

　外壁に梅の形の彫り込みを作った。角地であることを生かして、梅のマークは角側2面の外壁を覆うように配置する。花吹雪のような配置だ。何度も立面図や模型でスタディした結果、大小100個の梅の模様を入れるデザインに決定した。梅の形を仕込んだ型枠が外れて、たくさんの梅の花があらわれると、保育者、子どもたち、保護者、施工者、もちろん私たち設計者も、顔がほころんだ。

● 都市部での保育園のあり方

　入所を希望する若い世代が多く暮らす都市では、皮肉なことに保育園の環境という面からみれば、恵まれている場所ばかりではない。しかし、だからこそ、子どもたちが生活し成長していく空間に最も大切なのは何であるか、突き詰めて考えることがとても重要になってくる。敷地の条件を読み込んで、建物の構成や材料を厳選し、形にすることができれば、豊かな保育空間を生み出すことができるだろう。小梅保育園は都市部での保育園のあり方への、私たちが出した1つの答えである。

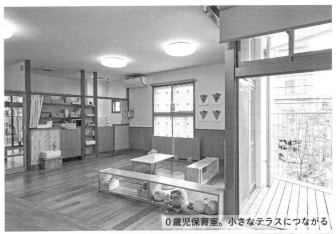
0歳児保育室。小さなテラスにつながる

0歳児保育室の調乳コーナーと沐浴コーナー

3歳児保育室の手洗い。10mm角のモザイクタイル

詳細データ

敷地面積：130.09m²　**建築面積**：97.79m²　**延べ床面積**：396.24m²
建ぺい率：75.17% ＜ 100%
容積率：294.50% ＜ 300%
構造・階数：RC造・地上5階
最高高さ：19.15m　**軒高さ**：16.95m
敷地条件：近隣商業地域、防火地域、22m高度地区
道路幅員：17.96m
主な外部仕上げ：屋根／RC屋上緑化　外壁／RC打放、リシン吹付　軒裏／ニチハ軒天フラット t=14　開口部／アルミサッシ
主な内部仕上げ：床／複合フローリング巾=120 t=15　壁／PB t=12.5の上EP塗装、クロス張り、ルナファーザーの上EP塗装　天井／ロックウール吸音板の上EP塗装
主な什器：ナラ集成材 t=30、練付化粧合板 オスモ塗装
電気設備：受電／低圧引込、単相30kVA、三相9.742kW
空調設備：床下放熱暖房、ルームエアコン
給排水衛生設備：給水／増圧ポンプ　給湯／ガス給湯器　排水／合流式
防災設備：自動火災報知機、誘導灯、自然排煙、非常用照明

設計期間：2013年5～12月
工事期間：2014年5月～2015年2月
工事費：建築1億8625万円、外構175万円
園児数：60人
職員数：23人
保育時間：7時15分～20時15分
写真撮影：キッチンミノル

都心部

まちの保育園 六本木 ― 本園と分園に分かれた都心ビル内の保育環境

所在地：東京都港区
敷地面積：15367.75m² 延べ床面積：143550.04m²の内 463.80m²（本園 246.78m² + 分園 217.02m²）
園児数：70人（0歳11人、1歳13人、2歳14人、3歳14人、4歳9人、5歳9人）
設計：意匠／Interstudio＋ミライズ、サイン／山本和久（Donny Grafiks）
施工：ミライズ（本園）＋白水社（分園）

まちの保育園 六本木が入る仙石山森タワーと仙石山テラス、その前の大けやき広場を見る

● 複合ビルに保育園をつくる

東京の中心六本木に、森ビルグループが進めている虎ノ門六本木地区第一種市街地再開発計画の中心となる建物が建設された。これは、47階建ての仙谷山森タワーと、低層の仙谷山テラスの複合ビルのなかに、レベルの異なる2つの接地階に計画された港区の認可保育園である。

まちの保育園は、生活の多様化に伴い都心のビルにも教育機能を取り込もうという森ビルグループの新しい都市開発戦略に則った最初の試みである。

タワー部分、テラス部分とも低層階は商業施設、中層階は住宅、高層階（25階以上）はオフィスという構成で、建物の足元は都心にしては珍しいレベル差のある豊かな緑に囲まれている。

子どもたちにとって、ダイナミックに変容する都市景観と、四季の変化を感じ取れる自然を共に体験できるというまたとない環境にある。

またこの地域は大使館、文化施設、ホテル等国際的、文化的な施設が集積しており、ここは日本人も含め様々な国籍と文化的背景を持つ人々が住んでいる。その子どもたち、オフィスで働く親の子どもたちも混ざって、国際色豊かな雰囲気を醸し出しており、まさにこれからの教育の国際化への対応を先取りした保育園といえる。

再開発地域とその周辺の風景（© Google map より）

①本園
②分園　まちの本とサンドイッチ
③まちのガーデン（現在は閉鎖）

配置図
（「ARK HILLS SHOP GUIDE」をもとに作成）

　当初、本園のみから出発したが、入園希望者の増加とビル側の好意により同じビル内に分園の設置が可能となった。芝生広場に面し、それに接した空き地も借受けることができ、その結果、地域とのつながりも密となり、本園は0〜2歳児クラス、分園は3〜5歳児クラスと年齢にとっても相応しい理想的な組み分けが出来上がった。

● 保育のあり方
　長い都市の歴史を持つイタリア中部の町、レッジョ・エミリアに生まれた幼児教育システムが、世界的に注目を集めている。それが園代表が目指すこれからの日本における

大けやき広場で遊ぶ子どもたち

3章　設計事例——立地・条件別　115

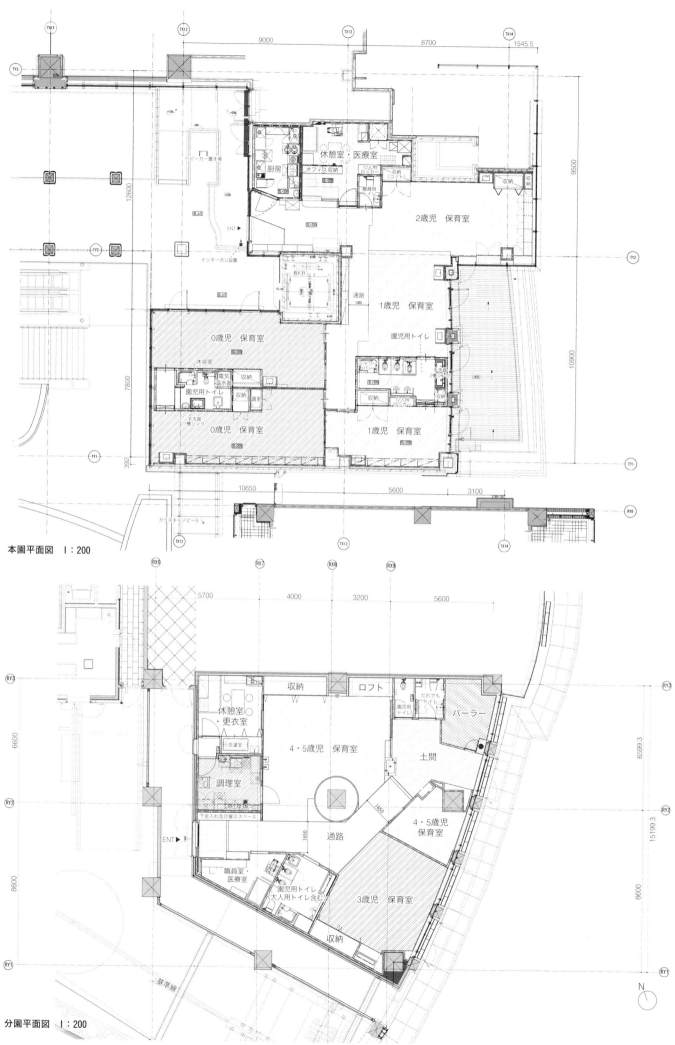

本園平面図 1:200

分園平面図 1:200

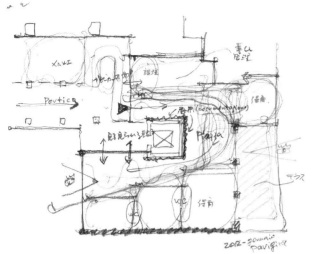

平面のスケッチ（本園）

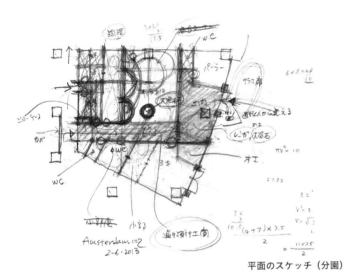

平面のスケッチ（分園）

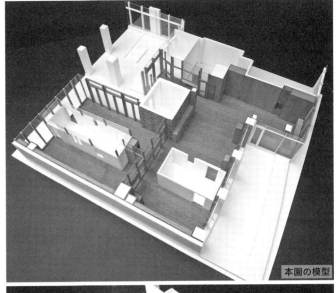

本園の模型

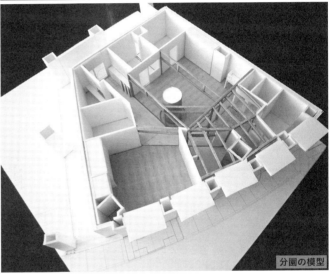

分園の模型

幼児教育のあり方とも共通する部分があった。

その教育システムの特徴とは、

・大人が子どもに一方的に教えるのではなく、大人が子どもから学ぶ
・子ども、保育者、保護者、地域の住民との強い相互作用とコミュニケーションを通しての教育
・保育園で過ごす日々を記録、展示し保育者、保護者、地域の人々とそれを共有する
・人々の多目的な行動を包み込む都市の広場のような空間を中心とした内部空間の構成

これらの基本的なコンセプトを、日本独自の歴史的、文化的文脈とも照らし合わせながら、平面計画に反映することが求められた。

● 平面計画

まだ躯体のみの工事現場を見て、本園はエレベーターシャフトの周囲を取り巻く形で、分園は中央部分に鎮座するコンクリートの角柱の周りに展開する内部空間の広がりが印象に残った。

本園は玄関を入ってからエレベーターシャフト周りに通路とそれに接する各室の配置、分園は大黒柱を中心とした玄関から土間に抜ける通路の両側に接する各室の配置となった。

単なる移動の意味合いしか持たない廊下、通路といった空間を十分なボリュームをはらんだ特徴的な空間として連続させることで、対話と交流を促し創造力を喚起するもう1つの保育室と位置づけ、年齢の隔たりなく連続する1つの空間となっている。分園の大黒柱は子どもたちの日々の行動記録を、保護者、園の訪問者、地域の人々に展示するスペースともなっている。

この通路に、まだ行動が限られた乳児室は除いて、固定壁のない見通しのきく開放的な保育室が取り付いている。これは子どもが主役となり、お互いが刺激し合いながら学び成長するという教育方針にも対応するものである。

各保育室は程良い高さの移動家具で、見る見られる関係を保ち緩やかにつながっている。子どもたちの状況に合わせ、家具の移動によるスペースの模様替えも時々行われる。

仕切られた部屋でも子どもたちがガラス窓越しにお互いの様子を覗き見ることができるような配慮もしてある。

外国人の園児とその保護者に対し日本文化、日本の精神を感じとってもらえるような空間の設えと材料が使用されている。特に分園では日本の特徴的な空間要素である、伝統的な木造建築の構法をダイナミックにデザインの中心的要素として採用した。

まちの保育園 六本木のエントランス

本園0歳児室の家具、什器類の設え

登園時の本園のエントランス風景。サインボードを見る

本園。レンガ貼りのエレベーターシャフト壁へのドキュメンテーション展示

六本木の鳥を観察するため子どもたちが作ったとりかご

本園のテラスから見下ろした大けやき広場、都市の風景

分園。完成直後の大黒柱を中心としたパノラマ写真

分園。土間から通路、大黒柱周りを見る。手前の手洗い器は両側から使える

分園。通路周りでの子どもたちとの出会いと展示風景

分園。大黒柱への展示と周辺の設え。ガラスを通して厨房内の様子も見ることができる

鳥博士と一緒にとりかごをつける様子

分園に併設されたスタンドカフェ(まちの本とサンドイッチ)

3章 設計事例──立地・条件別　119

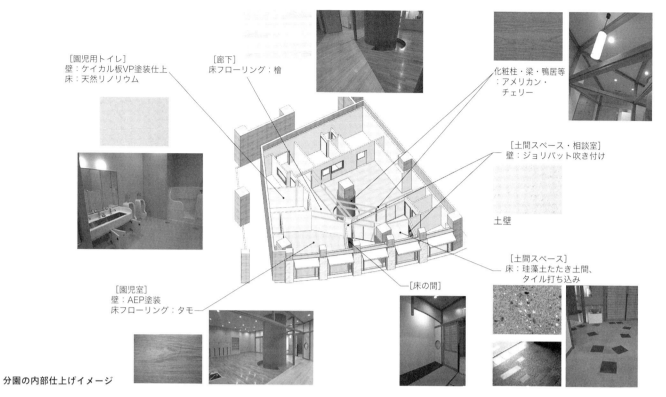

分園の内部仕上げイメージ

● 仕上げ材とディテール

　本園、分園どちらも、コンクリート、金属、ガラスといった硬く冷たい材料で覆われたビル群に囲まれた外部環境に対し、内部に露出した外部と同じ素材は全て天然材の突き板で化粧し、柔らかい温かみのある空間とした。

　分園は、石膏ボードの目透かし張りにより穏やかに陰影をつけ、凹凸と深みのある表情を持つ左官仕上げによる塗り壁、瓦板を散りばめたたたき土間、畳敷きの座敷といった日本の伝統的な和風デザインの技法も取り込んでいる。

　サッシュ、ドア、家具什器等の鋭利な角は園児が接触する高さまでは全てR面取りとし、柔らかい素材を貼った優しい処理がなされている。

● 家具什器類について

　造り付け、移動家具類は全て、園代表、園長、保育者を交えての綿密な打ち合わせとスケッチを重ねながら設計、製作されたものである。それらは子どもの年齢別に高さ、幅も微妙に変えている。これらの家具類の素材は、森を守るために間伐材利用を進めているグループの取り組みに園代表が賛同し、奥多摩産の間伐材を利用している。これは経産省の支援事業ともなっており、都からの補助金も受けられる。移動家具の一部は職員の手作りでもある。

● サイン計画（山本和久）

・館銘板

　まちのなかで自然な存在となるように、道路にある一般的な住所表記サインをモチーフとした。控えめな色や大きさで、設置位置も子どもの目線に合わせ通常より低くしている。ロゴタイプは普遍性を出すため1950年代頃のゴシック書体をモチーフに現代的なバランスにリデザインした。

・園内ピクトグラムサイン

　ここでは子どもが1人で行えるようになるロールモデルとしての役割を果たすように、行為そのものをピクトグラム化している。頭身のバランスを子どもにすることで排泄などの不快な印象を払拭している。

　保育室の年齢表記は、子どもが年齢を伝える際に取る身振りと同様に伸ばした指で数を表す手の形をピクトグラム化している。素材は全て無垢の木製で厚みもあり、積み木のようなイメージを持たせた。

・エントランスインターフォン

　積み重なった積み木のような佇まいと木肌の表情や色の違いで、楽しく柔らかい印象にした。日常的に見て触れることで、創造する思考への刺激となる狙いがある。

● 外部とのつながり

　本園へのアプローチはこの高層ビルの主玄関エリアと同じレベルにあるものの、分園のように地上で外部には接しておらず、窓またはテラスを通して周囲の都市景観を眺めるのみである。しかし、玄関に至るポルティコの一部を利用してマルシェを開いたり、エレベーターホールに面した保育室のガラス壁に園児の作品が展示されることもある。

　分園には「まちの本とサンドイッチ」と名付けられたスタンドカフェが併設されており、保護者、地域の人、昼休みにはオフィスワーカーも立ち寄って、園と地域とのつなぎ役を果たしている。土と接した分園の前はけやきのある芝生広場で、園児の遊び場ともなっている。この広場と道を隔ててある180m²程の空き地を園が借り受け「まちのガーデン」として畑や砂場を設け、園児、保育者、保護者が一緒になって花や野菜を育て、毎日午後には地域の子どもたちにも開放していた（現在は閉鎖）。

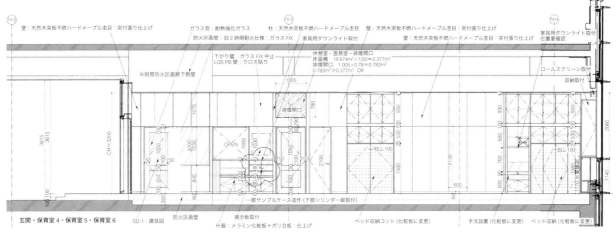

本園の展開図 1:120

ピクトグラムサイン

実際に使用されているピクトグラム

館銘板

エントランスインターフォン

サイン計画

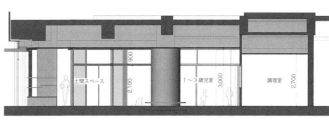

分園の展開図 1:200

● ビル内の保育園の設計について

都心の高層ビル内に設置される保育園には以下のような、種々の厳しい建築、構造、設備、工事上の規制がかかる。
大臣認定の取得／最終避難場所の設定／隣接区画への騒音対策／耐火、避難性能評価／避難安全検証法でのビル申請による厳しい建築計画と内装制限／防災、防水、排煙設備に関する厳格な規制

● ビル側、園側、設計者、工事業者とのやりとり

当初、ビル側の想定用途に保育園はなかったため、ビルの本体工事が先行する中で、スケジュール内での用途変更に伴う様々な変更事項、工事区分への対応に苦労した。これらの細かい規則をクリアしていくには、まずこちらの希望を出し、それが法規に適合しているかどうかをビル側と共に検討、判断して行く方法を取った。

● 竣工後の評価

・限られた平面にも関わらず空間の広がりを感じることができ、子どもたちの動きも伸び伸びとしている。
・エリアとして企業や大使館との出会い、交流が増えつつあり、大使館からの出張イベントも行われた。
・まちの本とサンドイッチ、ガーデン共、オープン当時と比べて地域の人とのつながりも密となり、子どもと出会え、なじめる場所になりつつある。

詳細データ

敷地面積：15367.75m² **建築面積**：7346.56m²（本園：246.78m²、分園：217.02m²） **延べ床面積**：143550.04m²（本園＋分園＝463.80m²）
建ぺい率：60%
容積率：715%
構造・階数：S造＋RC造・地上47階、地下4階の1階（本園）、地下2階（分園）部分
最高高さ：206.69m
敷地条件：第二種住居専用地域、第二種中高層住居専用地域、再開発等促進地区
道路幅員：9m
主な外部仕上げ：屋根／コンクリート直均し、アスファルト防水 外壁／アルミカーテンウォール（合わせガラス）、中国産花崗岩（虎皮紅） 開口部／合わせガラス、フッ素樹脂焼付塗装
外構：[まちのガーデン] 菜園、砂場、芝生、樹木一杏の木
主な内部仕上げ：[本園] 床／花崗岩ジェットバーナー仕上げ、フローリング貼り（チーク）、ビニル床シート貼り 壁／天然木板、不燃ハードメープル杢目、アンフレーム極薄突き板、一部ブリックタイル貼り、不燃ビニルクロス貼り 天井／石膏ボード貼り（12.5mm）AEP塗装 [分園] 床／花崗岩ジェットバーナー仕上げ、天然木フローリング（檜、タモ）、畳、珪藻土たたき上間、瓦タイル打ち込み、ビニル床シート貼り、長尺ビニルシート 壁／珪藻土（マジックコート）吹き付け、左官仕上げ、不燃ビニルクロス貼り、ビニルクロス貼り、タイル（一部ステンレス板） 天井／石膏ボード貼り（12.5mm）AEP塗装、天然木突き板シート貼り、化粧吸音板（ジプトーン）、ケイ酸カルシウム板、VP仕上げ
主な什器：造り付け、移動家具／ハードメープル杢目突き板練り付け、檜間伐材
電気設備：[本園] 電灯／300A、単相三線100/200V 動力／200A、三相三線200V [分園] 電灯／125A、単相三線100/200V 動力／100A、三相三線200V
空調設備：ファンコイルユニット、外調機、空冷ヒートポンプエアコン、床暖房
給排水衛生設備：給水／加圧給水方式、給湯／電気温水器、排水／ビル排水槽へ合流
防災設備：消火器、自動火災報知設備、誘導灯、非常照明、排煙窓、排煙口、防火シャッター、スプリンクラー、非常放送設備
設計期間：2012年1～7月（本園）、2013年5～10月（分園）
工事期間：2012年8～10月（本園）、2013年11月～2014年2月（分園）
園児数：70人（本園38人、分園32人）
職員数：30人
保育時間：7時30分～20時30分
写真提供：まちの保育園 六本木（p.118上・左下、p.119右下・左下）

都心部

レイモンド元住吉保育園 ―― 都会の中でのびのび走り回る子どもたち

所在地：神奈川県川崎市
敷地面積：286.14m² 延べ床面積：539.30m²
園児数：70人（0歳9人、1歳10人、2歳12人、3歳13人、4歳13人、5歳13人）
設計：意匠／バハティー級建築士事務所、構造／オーノJAPAN、設備／アーキビルド
施工：南信社

中庭を中心に積層する保育空間

● 周辺環境の様子

　川崎市の市街地のなかに計画された保育園である。都心から20分ほどに位置する駅より徒歩5分という市街地のなかにあり、前面道路を挟んで向かい側には地域で一番大きな病院施設の駐車場があるため視界は開けているうえに、桜並木となっている。都市部の保育園としては申し分のない立地である。ただし敷地の東側及び南側は建物が近接し、西側の駐車場も将来は建物が建つことが想定され、三方が街区に囲まれている。このような敷地の制約から、はす向かいにある大きな公園をこの保育園の大きな園庭であると考え、保育園内に園庭がなくても子どもたちがのびのびと生活できる空間を目指している。

● 建築のねらい・施主の要望

　子どもたちが1日を過ごす保育園は、自然に囲まれた環境や住宅地等、地域の人たちに見守られながら成長できる場所に立地することが理想である。しかし、自然に囲まれた環境は駅から遠く利便性にかけ、住宅地は住民の理解を得るのが難しいことが多い。待機児童の解消が急務のなか、保育園の整備と現在の保育ニーズに答えるには、利便性の高い駅周辺に保育園が立地せざるを得ないが、保育園として満足のいく敷地環境を獲得することは困難である。都市

園庭代わりに活用される中庭

公園
レイモンド元住吉保育園
病院
N
配置図 1:500

3章 設計事例——立地・条件別

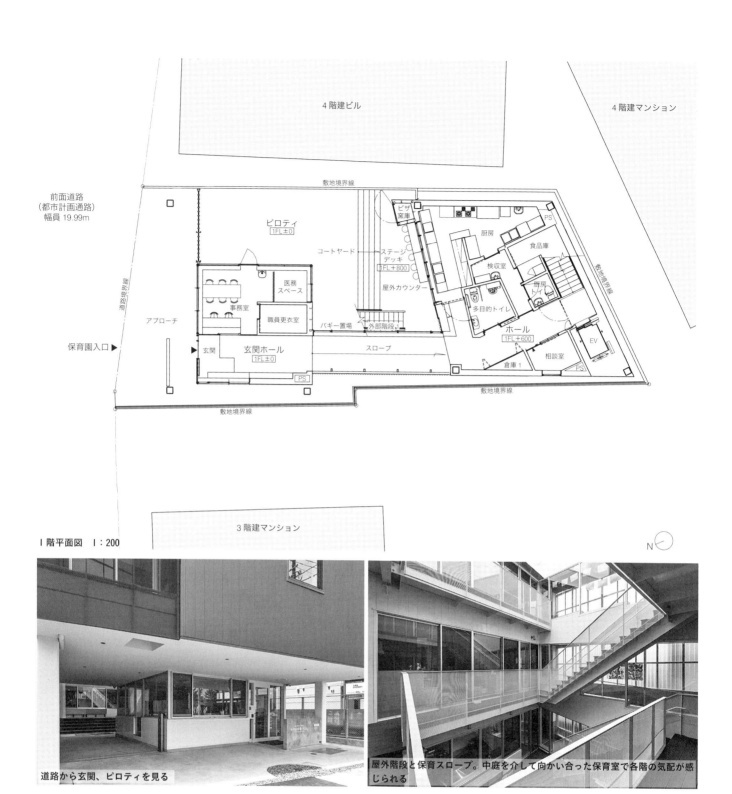

1階平面図 1:200

道路から玄関、ピロティを見る

屋外階段と保育スロープ。中庭を介して向かい合った保育室で各階の気配が感じられる

部の保育園の計画には、丹念に敷地を観察し読み解いた上で、建築計画の工夫及びデザインにより敷地のポテンシャルを最大限に引き出し、子どもたちが生活を行う場所としてふさわしい環境をいかに獲得するかが求められる。今回の計画では、市街地のビルに囲まれた環境であるが、中庭を中心に空間を展開させることで子どもたちが本来の笑い声をあげ、騒がしく身体を動かし疲れて眠るような、子どもたちにとって当たり前の日常を提供し安心して生活できる保育園づくりを目指した。

● 立地と配置計画・外構

　園庭の基準を満たさない屋外空間を「中庭」として積極的に活用することで計画全体をまとめあげた。中庭を中心に南北2つの棟をスロープでつなぐ建物構成とし、中庭に向かって保育空間を開くことで採光や通風を確保している。中庭はデッキの張られた階段状になっており、舞台になったり観客席になったりと子どもたちの日々のいろいろな行事、活動に使うことができる。また中庭と一体的に使えるよう、厨房が子ども用のカウンターを介して中庭に面しており、子どもたちの食育や中庭での活動に活用できるようになっている。さらに、中庭はピロティを介し外部とつながっており、地域に開かれた一体的な使い方ができるようになっている。

● 平面計画のポイント

　建築プランは、各年齢の保育室をお互いにのぞき合いや

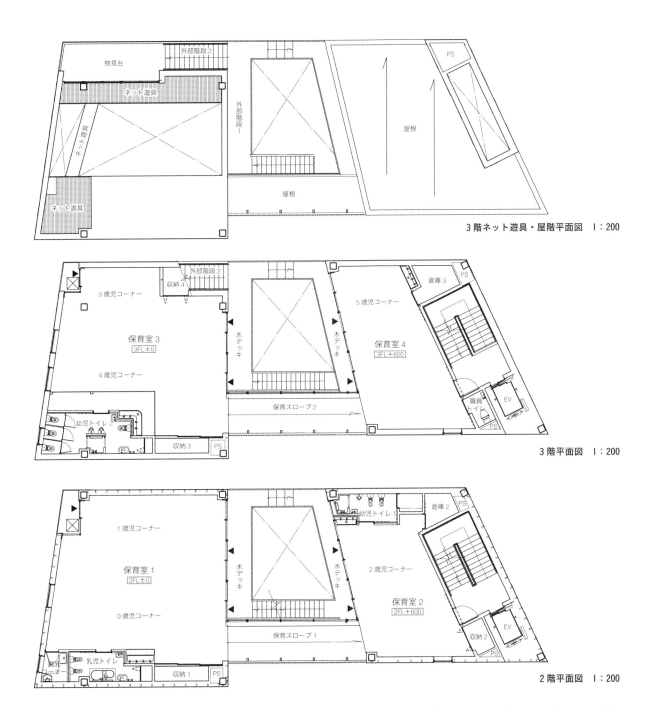

3階ネット遊具・屋階平面図　1:200

3階平面図　1:200

2階平面図　1:200

すいスキップフロアや、行動を促すための木デッキ（バルコニー）と連続階段が特徴である。地上レベルの中庭から各保育室をつなぎながら周辺のまちなみが見渡せる物見台（屋上テラス）までを外部階段で一体的に連続させ、中庭を中心に回遊しながら園内をめぐることにより、棟の分割および階の積層化による保育空間の分断を和らげている。子どもたちは保育室や外部空間など、シーンの変化を感じながら縦横無尽に動き回ることができる。〈行ってみる。更にのぞき込む。そして反応する。〉互いに、存在を知りながら、ゆるくつながる。べったりではないけれど、「知っているよ」という距離感を計画した。

● らせん状の長い移動距離

限られた敷地内で空間を分断せずに積極的に繋げる必要がある。0歳は1歳を、1歳は2歳を、2歳は3歳を・・・近い未来をイメージし、真似しながら成長をし続ける。保護者が近い未来の我が子を容易にイメージできるよう、異年齢の子どもたちが自然に視界に入るよう計画した。また螺旋状の移動空間は近道することができず、強制的に長い距離を歩かされる。限られた敷地かつ日常活動において運動量を確保したい用途の場合、らせん状プランは非常に有効と考えている。最上部は眺めがよい物見台、最下部はステージ状の中庭、これらの間に保育室を配置したシンプルな計画なのである。

● 階段のポイント

この計画では、敷地が非常に狭いため屋外階段を日常的に使うという選択を行い、同時に多層化する保育室からの避難の問題について、積極的に検討を行った。これまでの保育施設の設計で子どもたちを観察した経験では、1歳児は日常的に利用する階段で且つ身長に合った手摺があればカニ歩きで階段を下り、2〜5歳児は手摺につかまり1列になって階段を下りる。保育士は子どもたちを見守りフォローする。これらが日常であり、避難時も同じ行動ができ

大通りに面した玄関は都市的な表情をもたせている

西側外観。波板ガラス越しにスロープを行き交う子どもたちの気配が見える

中庭のデッキを上がると、レベルを下げた厨房内部がよく見える

屋外階段と保育スロープ

厨房からテーブル越しに中庭を見る

各保育室をめぐる屋外階段。厨房内部やグランドレベルまで覗き込むことができる

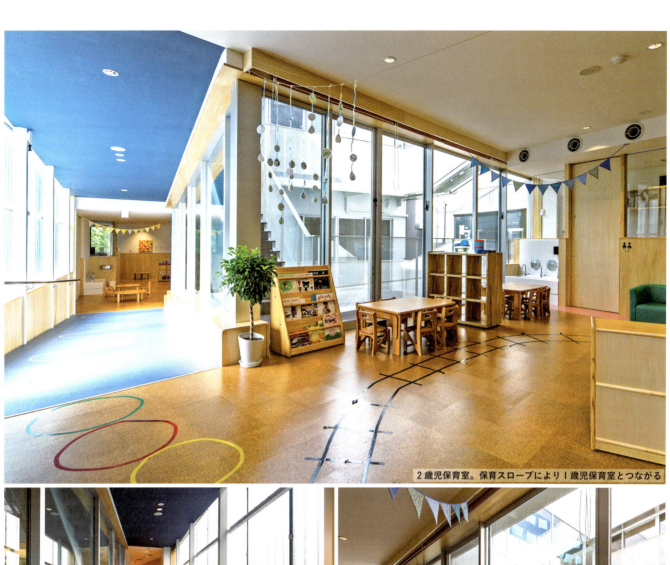

2歳児保育室。保育スロープにより1歳児保育室とつながる

玄関ホールからスロープを見る。左に中庭デッキ

保育室からバルコニーを介し各階の気配が感じられる

3、4歳児保育室。ネット遊具が保育室を囲む

空中トンネル

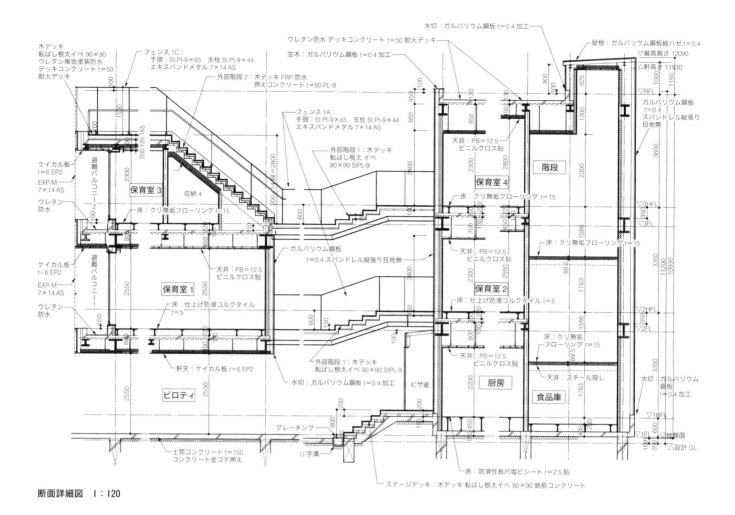

断面詳細図 1:120

●特に苦労した点

 保育園の計画において、必ず直面する問題として上下足問題というものがある。子どもたちは登園時に玄関で下足を脱ぎ（園によっては上足に履き替え）室内で生活する。昨今の保育園の場合、セキュリティ強化により玄関→保育室→園庭ないしは外部空間という動線計画となることが多い。では園庭で遊ぶとき下足はどうするか？という問題がある。本計画の場合この問題が顕著で、外部空間として各保育室をつなぐ外部階段や中庭にはデッキ材を張り、園との議論の結果、デッキ材箇所は上足空間として取り扱うことで問題を解決している。また保育園の整備の多くは自治体の施設整備補助金を活用し、単年度事業の整備となるため、制度上施工期間は実質6ヶ月程度となるのが現状である。平屋や2階建程度であれば工期的に困難であるとはいえ可能な範疇であるが、今回の計画のような都市部においては狭小地に積層する（杭基礎の必要が生じる）計画となり、これらの条件は全て工期に直接影響する。1つでもつまずくと取り返しのつかない事態となる。構造計画から工法および材料選択まで慎重に検討するのはもちろんのこ

るよう建築計画を行った。火災等実際の避難時に1歳児がスムーズに階段を下り避難できるとは考えにくいが、日常的に利用する階段で避難することにより、子どもたちにとっても保育士にとっても恐怖心の軽減となりパニックを最小限に留めると考えている。

と、施工中も早めの検討および建材納期や各工種人工の押えの管理を徹底的に行い、短工期でも品質を確保した上で、確実に期限までに竣工が迎えられるよう最大限の配慮と注意をもってあたった。

●施主や現場監督とのやり取り

 事業主にとって、新築の保育園で園庭がない計画は初めてだったため、中庭の活用とともに廊下や階段等の余剰空間での子どもの遊びについて、現場職員含めいろいろな意見が活発に交わされ検討を行った。基本設計の段階からCGや模型を作成し、計画の進行および材料ないしは色が決まった段階で、都度更新確認を行うことにより効率的に設計内容を共有できるような工夫を行い、施工時においてもそれを十分に活用している。短工期のなかで施工品質を保ちながら進めていくために、現場とは密なコミュニケーションを取り、短工期でも対応の可能な工法や材料の選択を行う等、無駄な時間を使うことなく手戻りの極力ない施工計画を立案し進めた。

●竣工後―保護者や施主の評価

 都市計画道路に面したファサードはあえて閉じ、ウナギの寝床のような平面に保育室が展開している。薄暗いのではないかと思いながら中に入ると、中庭を介して十分な光と通風があることに訪問者は一様に驚くとのこと。認可上園庭がない保育園であるが、中庭を持つことにより、囲ま

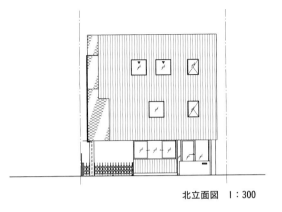
北立面図 1:300

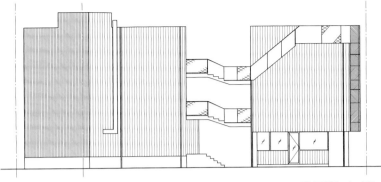
東立面図 1:300

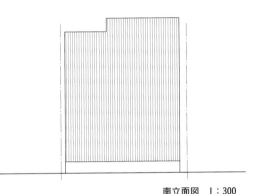
南立面図 1:300

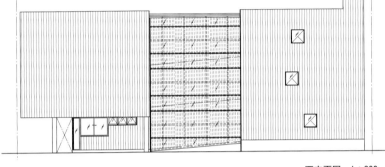
西立面図 1:300

れた安心な屋外空間を体感する事ができ、それがこの園の魅力となっている。利便性の高い都市のなかで明るく風通しのよい保育園であると好評を得て、川崎市のなかでも1、2を争う人気園である。保育園の職員は中庭を中心に、イベントや遊びを考え、ソフトとハードが共鳴し合っていると言える。

● **保育園の設計について重視する点**

子どもの施設を設計する場合、運営側の理念やソフトを十分に理解する必要があり、必要であれば子どもについて学ぶ必要さえある。運営側の理念やソフトは子どもたち全員を対象としており、それらを有用に機能させるためには設計も子どもたち全員を対象としていることを忘れてはならない。子どものための施設では活発に動き回る子どもにスポットが当たりがちであるが、乳児や1人遊びをする子どもたちにも空間を提供しているのである。設計者は自ら子どもたちを観察し、現場の保育士から積極的に情報をもらい、子どもたち全員について考察し設計にフィードバックすることが重要である。

詳細データ

敷地面積：286.14m² **建築面積**：217.28m² **延べ床面積**：539.30m²
建ぺい率：75.93％＜80％
容積率：181.73％＜200％
構造・階数：S造・地上3階
最高高さ：12.090m **軒高さ**：11.930m
敷地条件：近隣商業地域、第三種高度地区、準防火地域
道路幅員：19.990m
主な外部仕上げ：屋根／シート防水＋イソシアヌレートボード＋耐火デッキ　外壁／ガルバリウム鋼板スパンドレル縦貼目地無　建具／大波網入りガラス、アルミ製建具
外構：土間コンクリート金ゴテ仕上げ
主な内部仕上げ：［保育室］床／防滑性ウレタン仕上コルクタイル、クリ無垢フローリング　壁・天井／ビニルクロス貼　［乳児トイレ・幼児トイレ］床／長尺塩ビシート　壁・天井／ビニルクロス貼
主な什器：シナランバーコア
電気設備：受電／低圧受電方式　変圧器容量／電灯63.9kVA、動力45.5kW
空調設備：空調／個別空調方式　熱源／空冷ヒートポンプエアコン
給排水衛生設備：給水／直接給水方式　給湯／ガス給湯方式　排水／下水道放流方式
防災設備：消火／自動火災報知設備、自動通報設備、誘導灯設備、非常用照明設備、消火器　排煙／自然排煙
設計期間：2017年7～8月
工事期間：2017年9月～2018年3月
工事費：建築2億4270万円、外構300万円
園児数：70人
職員数：25人
保育時間：7時～20時
写真撮影：栗原宏光（有限会社栗原写真事務所）

| 都心部 | コンバージョン |

グローバルキッズ飯田橋園 — 用途変更を経て様々な遊び場がつくりだされた屋内空間

所在地：東京都千代田区
敷地面積：1250.05m²　延べ床面積：2946.51m²（保育所面積：1034.25m²）
園児数：138人（0歳18人、1歳24人、2歳24人、3歳24人、4歳24人、5歳24人）
設計：建築／石嶋設計室＋のみぞ計画室、園庭／コト葉LAB.、設備／山崎設備設計、照明／ぼんぼり光環境計画、
　　　家具／laboratory、レンガ壁／高山煉瓦建築デザイン、アート／OZA METALSTUDIO
施工：シー・スペース

起伏のある屋内園庭は、砂場や滑り台、鉄棒やのぼり棒として利用する鉄の木のアートで構成される。最奥にはプールがある

● 建物の概要

都心居住が進む東京都千代田区にある4階建て、延べ床3000m²弱の事務所ビルを、上階から学童クラブ、保育施設、屋内園庭、保育施設運営会社の事務所に1棟丸ごと改修した計画である。2～4階は事務所から児童福祉施設（保育施設、学童クラブ）に用途変更した。

● 施主からの要望

屋外に園庭が確保できないため、夏にプール遊びができるスペースを2階に設けて欲しいという依頼があった。当該フロアはプール遊び場には十分すぎる床面積があったため、プール遊び場も含めた屋内園庭としてつくりあげた。

● 保育室計画のポイント

3階の保育室は腰高の家具で間仕切ったワンルームの間取りとした。1～5歳児室が面する北西側は隣地境界線との離れが小さく、建築基準法上の採光は道路側のみに限られるため、4～5歳児室と3歳児室の境に大きな引戸を設け、2室1室として採光を確保した。

● 屋内園庭計画のポイント

園庭は大きく2つのエリアで構成した。人工芝エリアは地面の起伏がそのまま砂場や滑り面となるようにした。一方、デッキエリアは、夏はプール遊び、それ以外の季節はブランコやボール遊びの場とし、防水を施した上にゴムチップ舗装で仕上げた。

壁面はレンガ・木・土によりにぎやかなデザインとしている。よじのぼれるレンガ壁、鉄棒や登り棒となる鉄の木のアート、壁面のジャングルジム、保育室の据え付け家具の端材を利用した大きな積み木等、子どもたちのアクティビティを誘発する仕掛けを随所に盛り込んだ。

工事の最後には、子どもたちとのワークショップによって足洗い場をつくりあげた。一緒に園庭をつくることで「自分たちの園庭」という愛着が芽生え、今後ここで繰り広げられる活動が子どもたちにとっての原風景となってくれれば幸いである。

1歳児室の様子。ワンルーム型の保育室。写真左側の開口部は建築基準法の採光はゼロである

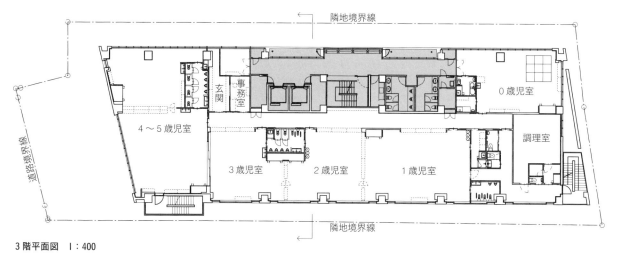

3階平面図 1:400

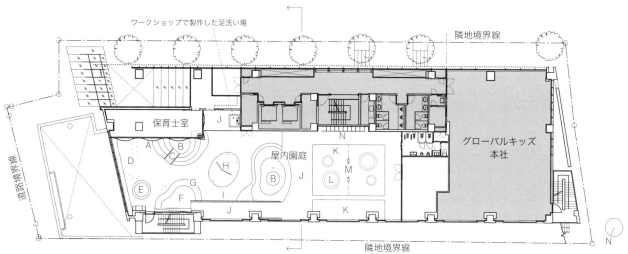

2階平面図 1:400

屋内園庭の遊び場

A：レンガの壁　　D：鉄の木　　　G：人工芝の土手　　J：デッキ　　　　M：ブランコ
B：人工芝の築山　E：木製積み木　H：鉄棒・鉄の木　　K：ゴムチップマット　N：ジャングルジム
C：スロープ　　　F：砂場　　　　I：ルーバー　　　　L：プールエリア

足洗い場をつくるワークショップの様子

柱のふところを利用した木製のジャングルジム

鉄棒やのぼり棒として利用する鉄の木のアート

うねるレンガの壁は、園舎の外壁に見立てている

飯田橋園／1階にグローバルキッズの本社機能、2階に園庭、3階に保育室、4階には学童クラブが入る

敷地図 1：4000

詳細データ

敷地面積：1250.05m²　**建築面積**：839.00m²　**延べ床面積**：2946.51m²（保育所面積：1034.25m²）

建ぺい率：67.12% < 70%

容積率：235.72% < 240%

構造・階数：RC造・地上4階、塔屋1階

最高高さ：18.51m　**軒高さ**：15.01m

敷地条件：第一種住居地域、防火地域、第一文教地区

道路幅員：北東6.0m、4.0m

主な内部仕上げ：［屋内園庭］床／人工芝ステップターフ、ゴムチップマット、ウッドデッキレッドシダー　壁／煉瓦 ミルキーホワイト、下見板レッドシダーベベルサイディング、ジョリパッド　天井／塗装　［保育室］床／コルクフローリング、ラバーウッドフローリング　壁／ビニルクロス ヒノキ羽目板　天井／ビニルクロス

主な什器：［家具］本体／桐　天板／カバ集成材

電気設備：受電／高圧方式　予備電源／自家発電設備（新設）

空調設備：空調／空冷ヒートポンプパッケージ方式　熱源／電気

給排水衛生設備：給水／高置水槽方式　給湯／電気温水器　排水／合流方式

防災設備：消火／自動火災報知設備、消火器　排煙／自然排煙

設計期間：2014年10～12月

工事期間：2015年1～3月

園児数：138人

職員数：33人（保育士・看護師・調理担当・パート含む）

保育時間：7時30分～18時30分

写真撮影：石嶋設計室（p.132左下上段）、黒住直臣（ほかすべて）

| 都心部 | コンバージョン |

グローバルキッズ飯田橋こども園 — ビルインのハードルを越え、子育て世代の地域拠点へ

所在地:東京都千代田区
敷地面積:2090.00m² 延べ床面積:4974.77m²(こども園面積:1804.54m²)
園児数:137人(0歳15人、1歳17人、2歳18人、3歳29人、4歳29人、5歳29人)
設計:建築/石嶋設計室+のみぞ計画室、設備/山崎設備設計、照明/ぼんぼり光環境計画、家具/laboratory
施工:シー・スペース

50mトラックのある屋内競技場。日常の軽運動のほか、運動会やスポーツ教室などにも利用している

●建物の概要と施主からの要望

前年に開園した飯田橋園に隣接した認定こども園の計画。地上4階、地下1階の複合ビル(地下1階〜地上2階は事務所、3〜4階は共同住宅)の1〜2階を用途変更した。

認定こども園の機能の1つに「地域における子育て支援を行う機能」があり、それに対応したスペースを設けたい、しかし隣接した飯田橋園には屋内園庭があるため、それとは異なるスペースをつくりたいという要望があった。

●子育て支援を行うスペース計画のポイント

「地域における子育て支援を行う機能」としてここで何ができるかを運営事業者と議論した結果、「つくる」というコンセプトをもとに3つの特徴のある部屋を設けることとした。1つ目は「身体をつくる」屋内競技場。運動会にも対応可能な50mトラックを中心に約300人が座れる観客席を設置した。2つ目は「作品をつくる」工房。工具や素材を収納できる棚やシンプルな作業台を用意し、木工や工作ができる部屋とした。最後に「料理をつくる」キッチンスタジオ。離乳食づくり講座や親子クッキングへの活用を考慮し、本格的な厨房機器を設置した。

●保育室計画のポイント

2階の保育室は、腰高の家具で仕切ったワンルームタイプとしているが、ここでは廊下と保育室の間に受入室を用意した。受入室は、家庭とこども園の生活を切り替える場所である。個人の持ち物を保育室に持ち込まないため、送迎時の保護者の出入りによって保育活動が中断することがないので、子どもたちは保育室での遊びや学びに集中することができる。保育室は広いスペースを最大限に活かした間取りとなっており、窓からは隣地の緑がよく見え、木漏れ日がやわらかに差し込んでいる。

●特に苦労した点

飯田橋園、飯田橋こども園ともに、事務所から児童福祉施設等(保育施設、認定こども園、学童クラブ)への用途変更を行った。大規模なビルインの保育施設のため、関係

ワンルーム型の保育室。腰高の家具でクラス分けをしている

3章　設計事例——立地・条件別　135

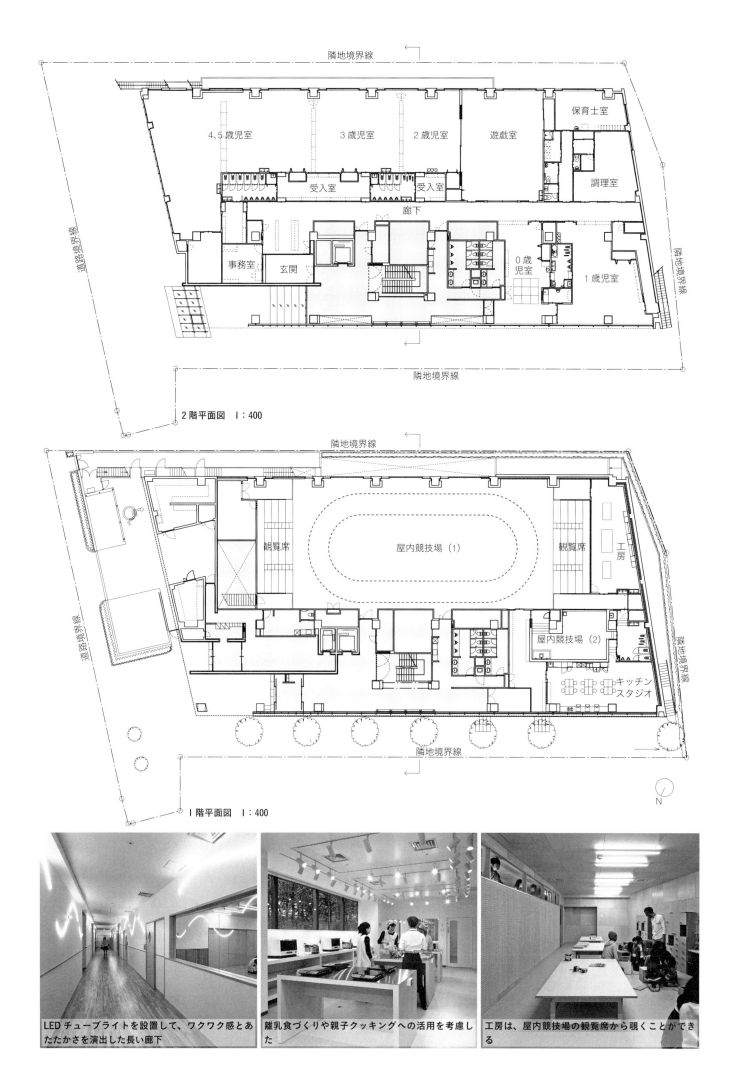

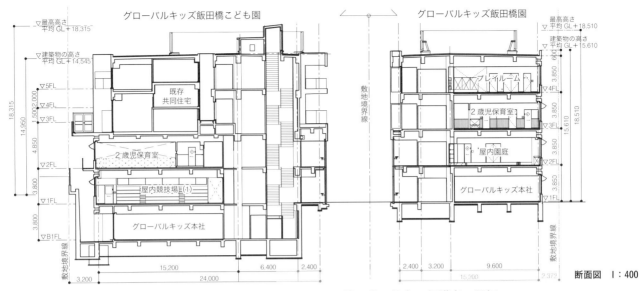

断面図 1:400

法令への適応や設計・施工上の問題解決に苦労した。

・消防法

　両園とも、消防用設備を大きく変更した。屋内消火栓を非常時に使用するための自家発電設備を設置し、さらに飯田橋こども園ではスプリンクラーを新設した。

・建築基準法の採光の確保

　事務所や店舗は採光がなくても居室が成立するが、保育室は成立しない。両園とも、多くの保育室が面している隣地側は隣地境界線からの離れが2m程度しかなく採光はゼロであった。したがって採光は道路側に頼り、大きな引戸で仕切った2室1室として採光を確保している。

・排水経路の確保

　事務所ビルではトイレ等の水場は共用部にあって、事務所の区画内にはないのが一般的で、両ビルとも同様であった。一方、保育施設は区画内にトイレ、調理室、洗面台等、多くの水場が必要となる。1層で構成するビルインの保育施設の場合には、下階の別テナントの天井で配管することはできないのでパイプスペースまでスラブ上で配管する必要があるが、幸い両園とも保育室フロアの下階も自園（屋内園庭、屋内競技場）のため、水場の床レベルを150mm程度上げて排水を集約し、スラブを抜いて下階の天井で配管した。

● 竣工後の施主・保護者の評価

　飯田橋園の「屋内園庭」と飯田橋こども園の「つくる部屋」を両園の子どもたちが相互に利用することで、人間としての礎となる運動能力、情緒、感性、社会性や創造力、そして「生きる力」を日々育んでいる。屋内園庭では帰宅前に保護者と子どもが一緒に遊ぶ姿が見られ、屋内競技場では運動会の開催やスポーツ教室等も盛んに行われている。

　これらのスペースを地域にも開放することで、子育て世代を中心とした地域交流の拠点となりつつある。

● ビルインの保育施設の設計について重視する点

　専用園庭をもった戸建園舎が最良なのは当然であるが、住宅地では子どもの声や活動の音が「騒音」として近隣から指摘されることが多く、新築の保育施設を建てるのが難しい実情がある。その結果、空きビルの有効活用とも相まって、ビルインの保育施設が多くつくられてきた。

　ビルインの保育施設の設計は前述のとおり、新築の戸建園舎を建てるよりも難しい面がある。既存ビルが、建築基準法、消防法、バリアフリー条例、保育所の設置基準等の関係法令に適合するか見極めるとともに、排水・ダクトルート等設備経路の確認をした上で設計を開始し、戸建園舎並みに良質な保育空間をつくることが求められる。

詳細データ

敷地面積：2090.00m² 建築面積：1371.23m² 延べ床面積：4974.77m²（こども園面積：1804.54m²）
建ぺい率：65.61％＜70％
容積率：238.03％＜240％
構造・階数：RC造・地上5階、地下1階、塔屋1階
最高さ：18.32m 軒高さ：14.55m
敷地条件：第一種住居地域、防火地域、第一文教地区
道路幅員：北東 6.0m、4.0m
主な内部仕上げ：[屋内競技場（1）] 床／人工芝ステップターフ、ゴムチップマット、ラバーウッドフローリング、ウッドデッキ レッドシダー 壁／ビニルクロス 天井／塗装、シナベニヤ [屋内競技場（2）] 床／ゴムチップマット 壁・天井／化粧珪酸カルシウム板 t=4mm [キッチンスタジオ] 床／長尺塩化ビニルシート 壁／ビニルクロス、キッチンパネル 天井／ビニルクロス [工房] 床／長尺塩化ビニルシート 壁／有孔板、シナベニヤ 天井／ビニルクロス [保育室] 床／コルクフローリング、ラバーウッドフローリング 壁／ビニルクロス、ヒノキ羽目板 天井／ビニルクロス

主な什器：[家具] 本体／桐 天板／カバ集成材
電気設備：受電／高圧方式 予備電源／自家発電設備（新設）
空調設備：空調／空冷ヒートポンプパッケージ方式 熱源／電気
給排水衛生設備：給水／高置水槽方式 給湯／電気温水器 排水／合流方式
防災設備：消火／自動火災報知設備、消火器 排煙／自然排煙
設計期間：2015年4～10月
工事期間：2015年11月～2016年1月
園児数：137人
職員数：27人（保育士・看護師・調理担当・パート含む）
保育時間：7時30分～18時30分
写真撮影：黒住直臣

付録：3章掲載事例一覧（1:800）

みどりの保育園（東京都多摩市）

園児数	121人
敷地面積	1764.51m²
建築面積	695.86m²
延床面積	983.62m²
保育室	0歳：53.91m² 1歳：72.14m² 2歳：70.15m² 3〜4歳：110.07m² 3〜4歳共有：25.30m² ロフト：62.63m² 5歳：70.16m²
遊戯ホール／ランチコーナー	110.86m²
子育て支援センター	72.14m²
一時保育コーナー	24.30m²
多目的コーナー	47.61m²
給食室	45.19m²
事務室	28.76m²

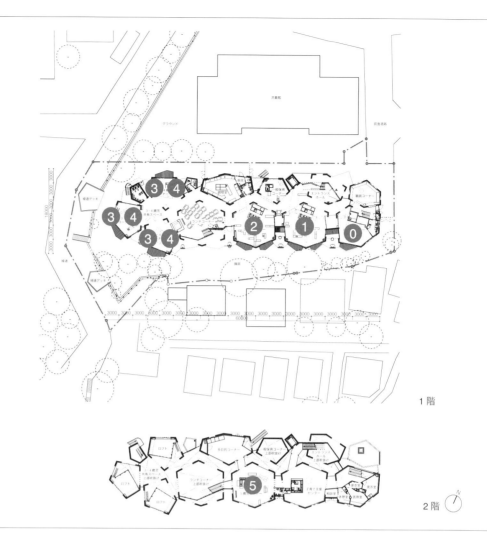

富士文化幼稚園（愛知県名古屋市）

園児数	310人
敷地面積	3386.37m²
建築面積	1242.30m²
延床面積	1400.62m²
保育室	3歳①：53.23m² 3歳②：53.32m² 3歳③：53.10m² 3歳④：53.27m² 3歳⑤：53.27m² 4歳①：53.12m² 4歳②：53.25m² 4歳③：53.17m² 5歳①：53.12m² 5歳②：106.95m²
遊戯室	282.20m²
事務室	81.30m²
園庭	978.03m²

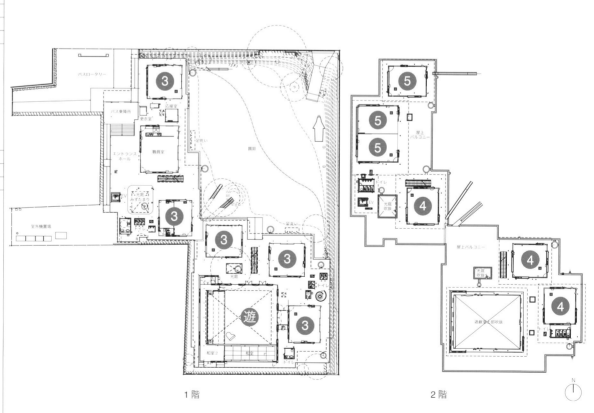

設計者より提供いただいた図面をもとに作成（仲綾子）

育良保育園 (長野県飯田市)	
園児数	140 人
敷地面積	2372.65m²
建築面積	739.06m²
延床面積	1081.42m²
保育室	0 歳：22.5m² 1～2 歳：71m² 3 歳：147m² 4 歳：147m² 5 歳：156m²
遊戯室	202m²（各学年保育室 C 合計 147m² を含む）
テラス	1 階デッキ＋縁側：118m² 2 階テラス：57.3m² 大階段：80m²
事務室	30.8m²
給食室	99.1m² （ランチスペースは保育室 C）
その他（収納）	32m²
園庭	1024m²

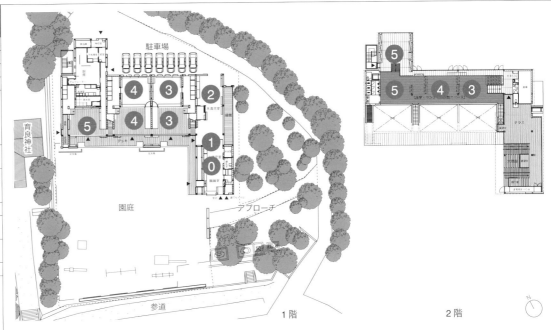

本宮のもり幼保園 (石川県七尾市)	
園児数	80 人
敷地面積	1594.61m²
建築面積	650.28m²
延床面積	664.02m²
保育室	0 歳：24.78m² 1～5 歳：各 33.05m² 一時：28.03m²
遊戯室	95.35m²
多目的スペース	79.15m²
玄関	8.86m²
事務室兼保健室	16.52m²
学童保育室	13.22m²
倉庫	19.83m²
給食室	20.64m²
半外土間	92.54m²
園庭	599.82m²

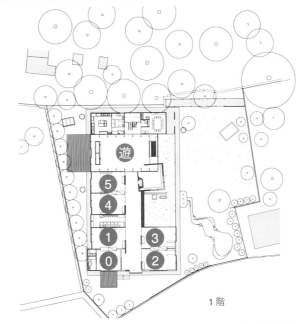
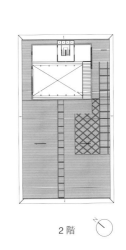

狭山ひかり幼稚園 (埼玉県狭山市)	
園児数	100 人
敷地面積	2540.79m²
建築面積	760.87m²
延床面積	682.50m²
保育室（年齢別）	3 歳①：31.32m² 3 歳②：31.32m² 4 歳①：55.65m² 4 歳②：55.64m² 5 歳①：55.65m² 5 歳②：56.14m²
遊戯室	135.19m²
廊下	28.9m²
テラス	108.28m²
事務室	38.77m²
その他	59.71m²（収納） 9.17m²（台所）
園庭	1578.53m²

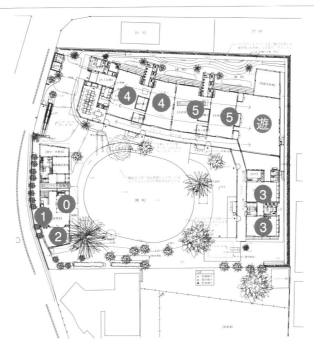

［凡例］ ❶：0 歳児室　❶：1 歳児室　❷：2 歳児室　❸：3 歳児室（年少）　❹：4 歳児室（年中）　❺：5 歳児室（年長）　遊：遊戯室

認定こども園さざなみの森
(広島県東広島市)

園児数	275人
敷地面積	8573.06m²
建築面積	1815.89m²
延床面積	2211.92m²
光の棟	
全体	788.85m²
保育室	478.13m²
みんなの部屋	51.84m²
便所・教材庫等	112.46m²
調乳室・沐浴室	12.29m²
医務室・事務室等共用部	134.13m²
風の棟	
全体	524.57m²
保育室	261.00m²
トイレ	11.59m²
プレイデッキ・倉庫等共用部	79.76m²
響の棟	
全体	446.90m²
保育室	166.02m²
便所	8.11m²
ホール等共用部	267.38m²
水の棟	
全体	334.46m²
子育て支援室	57.94m²
給食室・前室等	58.36m²
工房	24.22m²
その他共用部	193.94m²
吹の棟	
全体	117.14m²
保育室	82.91m²
その他	34.23m²

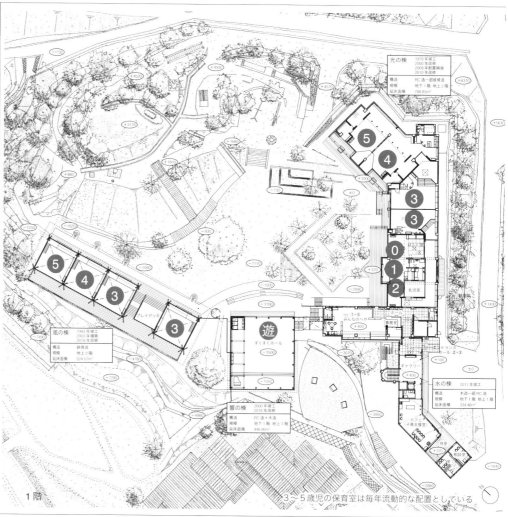

1階
3〜5歳児の保育室は毎年流動的な配置としている

ささべ認定こども園
(長野県松本市)

園児数	36人
敷地面積	1425.33m²
建築面積	547.22m²
延床面積	498.85m²
保育室	0〜1歳：75.71m²　2歳：52.88m²
遊戯室	40.59m²
廊下	40.29m²（玄関ホール含む）
事務室	39.66m²
給食室	31.40m²
その他（収納）	17.94m²
園庭	545.00m²

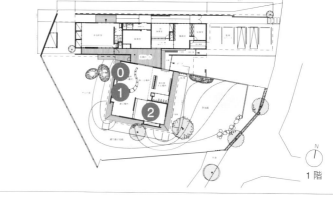

1階

川和保育園
(神奈川県横浜市)

園児数	181人
敷地面積	2355.77m²
建築面積	773.42m²
延床面積	1262.60m²
保育室	0歳：23.57m²　1歳：51.59m²　2歳：65.13m²　3歳：117.28m²　4歳：119.19m²　5歳：139.71m²
遊戯室	139.71m²（5歳児室兼用）
廊下	263.33m²
テラス	292.87m²
事務室	27.99m²
給食室	48.46m²
その他（収納）	188.64m²
園庭	552.05m²

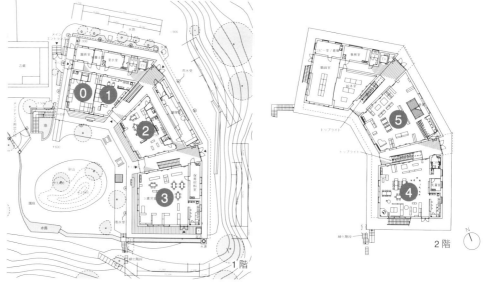

1階　2階

小梅保育園
(東京都墨田区)

園児数	60人
敷地面積	130.09m²
建築面積	97.79m²
延床面積	396.24m²
保育室	0歳：33.86m²　1歳：24.15m²　2歳：22.76m² 3歳：31.84m²　4歳：32.62m²　5歳：36.12m²
廊下・階段・玄関	99.48m²
テラス（屋上を除く）	21.25m²
事務室	15.78m²
給食室	18.73m²
園庭（屋上）	34.60m² ＋ 56.55m²

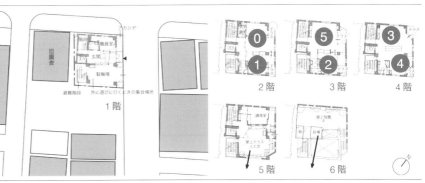

まちの保育園 六本木
(東京都港区)

園児数	70人	
敷地面積	15367.75m²	
建築面積	463.80m²	
延床面積	463.80m²	
	本園	分園
保育室	0歳：59.97m²　1歳：42.90m²　2歳：29.29m²	3歳：28.24m²　4〜5歳：48.04m²
事務・休憩・医務室	16.37m²	19.00m²
給食室	9.52m²	9.90m²
洗濯室	2.00m²	‐
園児用トイレ	17.41m²	15.35m²（職員トイレ含）
職員用トイレ	1.77m²	‐
パーラー	‐	8.61m²
テラス	32.90m²	‐
その他（通路・収納等）	69.55m²	85.88m²
合計（全体）	246.78m²	217.02m²

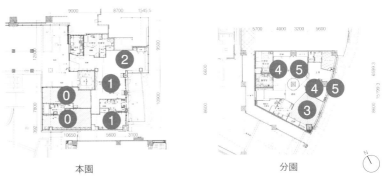

本園　　　　　分園

レイモンド元住吉保育園
(神奈川県川崎市)

園児数	70人
敷地面積	286.14m²
建築面積	217.28m²
延床面積	539.30m²
保育室	0歳：31.69m²　1歳：46.48m² 2歳：28.11m²　3歳：32.86m² 4歳：34.14m²　5歳：38.65m²
廊下	47.07m²
テラス（物見台）	11.37m²
事務室	16.28m²
給食室	24.57m²
その他（収納）	225.55m²
コートヤード・ピロティ	45.12m²
ステージデッキ	23.22m²

グローバルキッズ飯田橋園／飯田橋こども園
(東京都千代田区)

飯田橋園	
園児数	138人
敷地面積	1250.05m²
建築面積	839.00m²
延床面積	2946.51m²（保育所面積：1034.25m²）
保育室	0歳：66.60m² 1〜3歳：207.53m² 4〜5：138.63m² 一時保育：58.18m²
乳児室・ほふく室	139.38m²
保育室・遊戯室	506.90m²
給食室	39.44m²
事務室	8.69m²
子どもトイレ	44.93m²
調乳室	4.02m²
沐浴室	4.44m²
更衣室	32.31m²
洗濯室	7.03m²
廊下・その他	247.11m²

飯田橋こども園	
園児数	137人
敷地面積	2090.00m²
建築面積	1371.23m²
延床面積	4974.77m²（こども園面積：1804.54m²）
保育室	0歳：53.90m² 1〜3歳：207.53m² 4〜5歳：138.63m² 一時保育：58.18m²
乳児室・ほふく室	125.44m²
保育室・遊戯室	411.62m²
給食室	50.49m²
事務室	19.03m²
子どもトイレ	60.41m²
調乳室	3.78m²
更衣室	32.94m²
洗濯室	6.35m²
屋内競技場	533.06m²
プール遊び場	43.39m²
廊下・その他	524.38m²

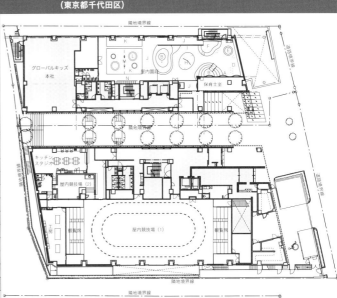

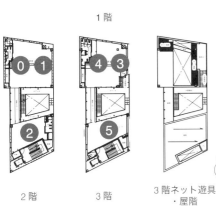

2階　　　3階　　　3階ネット遊具・屋階

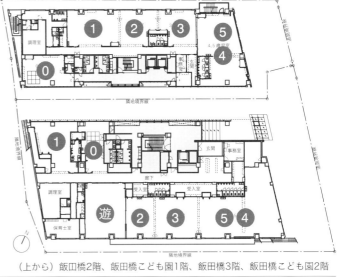

（上から）飯田橋2階、飯田橋こども園1階、飯田橋3階、飯田橋こども園2階

［凡例］ ⓪：0歳児室　❶：1歳児室　❷：2歳児室　❸：3歳児室（年少）　❹：4歳児室（年中）　❺：5歳児室（年長）　遊：遊戯室

あとがき

　本書は、保育園・幼稚園・こども園の設計手法について、実務者、設計者、研究者の英知が結集されている。ここではその一端を抜き出してみる（網羅的ではなく私個人の独断と偏見であることはご容赦ください）。

「遊び環境を考える際は、ある遊びに特化したコーナー（専用コーナー）、多目的なコーナー（テーブル・イス、狭いスペース、広いスペース、高低差・段差）が網羅できているかチェックしながら計画すると良い」[1-05 遊びの展開(p.15)]

「子どもが創造的に遊びを広げることができる環境のポイントには、①応答性が高い、②挑戦できる、③多様性がある、④想像や創造がしやすい、⑤適度な刺激量（色・音・臭い等）の5つがある」[1-07 豊かな遊びが広がる環境とは(p.17)]

「園舎と敷地外の空間を繋ぎ、専有的に利用できる中間的な領域を確保する」[2-02 立地に応じた敷地外の保育環境(p.22)]

「衛生的にも、個々の生活リズムを尊重する観点からも、『食べる』と『寝る』場所は、別々に設けられていることが望ましい」[2-04 保育活動と保育空間の計画(p.27)]

「特に3歳児以上の子どもは活発に動き回れるため、コーナーが広すぎると遊びと関係のない通過動線・回遊動線が入り込む余地が生まれる。こうした動線が生じると、コーナーの空間的な独立性の意味は半減してしまう。空間単位の目安としては、畳2畳分あれば十分である」[2-06 コーナー計画(p.30)]

「園庭で遊ぶ最年少の子どもたちの遊びは、常に『ひとり』で『好きな場所』で『好きな時間』に『好きなだけ』、環境に働きかけようとする。そのための空間が園庭に求められている」[2-07 園庭の計画(p.31)]

「遊具は『イメージを限定しない事』『遊び方を限定しない事』そして『遊具単体で完結しない事』が重要である」[2-08 遊具の計画(p.33)]

「室内騒音として、一般的な保育室や遊戯室では40db、午睡を行う室では35dbが推奨される。また室の響きは、125m³程度の保育室では残響時間0.4秒（平均吸音率0.25）という短めの響きが推奨される」[2-09 音環境の計画(p.35)]

「天井が高く、上下温度差が生じやすい空間では、保育者と床面に近い園児とでは感じ方が異なる可能性があることに注意したい。なお、床暖房の設置は冬季に上下温度分布を小さくするのに有効である」[2-10 温熱環境の計画(p.36)]

「保育室の家具に求められる形は園ごとに違う。設計にあたっては、その運営方法を綿密に打合せ、個々の園にあった提案をすることが大切である」[2-13 家具計画(p.39)]

「庇のついた懐の深い大きな屋根は、その下に陰影があり、風が吹き抜け、自然の気配が流れる〈うち-そと〉の曖昧な空間を創り出す」[本宮のもり幼保園(p.69)]

「教室もやっぱり欲しいという声もあり、『全体が遊び場でありながら、個別の教室としても機能する』という一見矛盾するような構成を考えることになった」[狭山ひかり幼稚園(p.75)]

「保育棟は前面道路からの奥行き感や独立性を保つために床高さを前面道路から1mに設定し、盛り土した地面と縁側スラブの縁を切るために片持ちスラブとした」[ささべ認定こども園(p.96)]

「園から強く求められたのは、園庭への日照（西日）確保、既存園の動線の踏襲、メンテナンスの容易性であった」[川和保育園(p.100)]

「当初、ビル側の想定用途に保育園はなかったため、ビルの本体工事が先行する中で、スケジュール内での用途変更に伴う様々な変更事項、工事区分への対応に苦労した」[まちの保育園 六本木(p.121)]

「敷地が非常に狭いため屋外階段を日常的に使うという選択を行い、同時に多層化する保育室からの避難の問題について、積極的に検討を行った」[レイモンド元住吉保育園(p.125)]

「既存ビルが、建築基準法、消防法、バリアフリー条例、保育所の設置基準等の関係法令に適合するか見極めるとともに、排水・ダクトルート等設備経路の確認をした上で設計を開始」[グローバルキッズ飯田橋園・こども園(p.137)]

　このように、保育施設に対するあり方論、具体的な数値、設計実務における葛藤、施設規模・タイプに応じて配慮すべき点など、第一線の実務者、研究者、設計者が保育園・幼稚園・こども園の設計手法について論じていることが本書の特長である。また、今日的に需要が高い都市型の園から、郊外の園庭が豊かな園まで幅広い事例を掲載している。設計時はスケジュールがタイトな中、様々なことで迷い、頭を悩ませ、保育者の思いを形にするために奮闘することと思う。知りたい内容について本書を逆引き的に活用していただき、少しでも良い保育園・幼稚園・こども園の実現に役立てていただければ幸いである。

2019年7月

藤田大輔

設計者プロフィール（掲載順）

石原 健也（いしはら けんや）
／石原健也＋デネフェス計画研究所
1959年山梨県生まれ。1981年九州芸術工科大学（現・九州大学）環境設計学科卒業。1983年同大学院修士課程修了。1983～1987年仙田満＋環境デザイン研究所勤務。1988年独立。1990年デネフェス計画研究所設立。2001年千葉工業大学工学部建築学科助教授。現在、同大学創造工学部建築学科教授。主な受賞に「2010年日本建築美術工芸協会芦原義信賞」「2011年度こども環境学会賞デザイン賞」等。主な著書に『建築のリテラシー』（共著）等

手塚 貴晴＋手塚 由比／手塚建築研究所
OECDが世界で最も優れた学校に選んだ「ふじようちえん」等、子供の為の空間設計を多く手がける。主な受賞に「2008年日本建築学会賞（作品）」（ふじようちえん）「2008年度日本建築家協会賞」（ふじようちえん）「2013年度グッドデザイン金賞」（あさひ幼稚園）「2015年度JIA優秀建築賞」（空の森クリニック）「Global Award for Sustainable Architecture 2017」「Moriyama RAIC International Prize 2017」等。主な著書に『手塚貴晴＋手塚由比 建築カタログ1-3』"Tezuka Architects: The Yellow Book"等

手塚 貴晴（てづか よしはる）
1964年東京都生まれ。建築家／手塚建築研究所代表／東京都市大学教授

手塚 由比（てづか ゆい）
1969年神奈川県生まれ。建築家／手塚建築研究所代表

松島 潤平（まつしま じゅんぺい）／松島潤平建築設計事務所
1979年長野県生まれ。2002年東京工業大学建築学科卒業。2005年東京工業大学大学院建築学専攻修士課程修了。隈研吾建築都市設計事務所勤務を経て、2011年松島潤平建築設計事務所設立。2016年～芝浦工業大学非常勤講師。2019年～東京大学非常勤講師。主な作品に「育良保育園」「Le MISTRAL」等。主な著書に『子育てしながら建築を仕事にする』（共著）等。主な受賞に「2016年日本建築学会作品選集新人賞」「2015年度グッドデザイン賞」等

谷重 義行（たにしげ よしゆき）／谷重義行建築像景
1958年広島県生まれ。広島工業大学工学部建築学科卒業。広島大学大学院工学研究科建築計画学修了。設計事務所ゲンプラン東京事務所勤務、国立石川高専講師、ケニア共和国ジョモ・ケニアッタ農工大学講師を経て、2001年建築像景研究室主宰。主な受賞に「第38回石川県デザイン展 石川県知事賞」「第28回日本建築士事務所協会連合会建築賞会長賞」「平成28年度石川デザイン賞」等

安宅 研太郎（あたか けんたろう）
／アタカケンタロウ建築計画事務所
1974年生まれ。2001年東京藝術大学大学院修了。2003年アタカケンタロウ建築計画事務所設立（2015年に株式会社バトラックに改組）。「シャノアール研修センター」「狭山ひかり幼稚園」で日本建築学会作品選奨受賞。2012年から岩手県遠野市で遠野オフキャンパスを立ち上げ、調査／計画／実践／教育を同時並行的に行う地域再生に農業／環境／植生／建築／暮らし／食などを横断しながら取り組んでいる

竹原 義二（たけはら よしじ）／無有建築工房
1948年徳島県生まれ。建築家石井修氏に師事した後、1978年無有建築工房設立。2000～13年大阪市立大学大学院生活科学研究科教授。2015～19年摂南大学理工学部建築学科教授。主な受賞に「2010年日本建築学会教育賞」「2018年日本建築学会賞作品」「1996年度村野藤吾賞」「2010年都市住宅学会業績賞」「2008年・2014年度こども環境学会賞デザイン賞」等多数。近年は幼稚園・保育所、障がい者福祉施設、老人福祉施設から、住まいの設計を原点に人が活き活きと暮らす空間づくりを追求している

青木 一実（あおき かずみ）／atelier-fos 一級建築士事務所
1976年石川県生まれ。新潟大学大学院修了

藤田 大輔（ふじた だいすけ）／福井工業大学
1975年東京都生まれ。東海大学大学院修了

住宅や福祉施設を中心に設計活動を行っている。特に保育施設では、緻密な調査研究で培った知見を活かし、園児一人ひとりの活動や、保育者の思いを丁寧に読み解くことを重視している。主な作品に「木もれ陽保育園（改修）」「グループホームはやぶさ」「認定こども園F」等。主な受賞に「第9回・第10回キッズデザイン賞」「2015年度こども環境学会デザイン奨励賞」「第8回まちづくり賞奨励賞」「松本市最優秀景観賞」「長野県建築文化賞一般部門奨励賞」等

井出 敦史（いで あつし）／sum design
1971年東京都生まれ。Wentworth Institute of Technology理工学部建築学科卒業。丹下健三・都市・建築設計研究所勤務。2002年SUM建築研究所入所。2010年現事務所に改称、代表に就任

加藤 克彦（かとう かつひこ）／テンジンスタジオ
1974年東京都生まれ。1998年東京理科大学理工学部建築学科卒業。2000年同大学大学院修士課程修了。2000～2002年複数の設計事務所に勤める。2002～2009年SUM建築研究所、2010年加藤克彦建築設計事務所設立。2012年現事務所として法人化

主な共同作品に「斜面を受け止める家」「川和保育園」等。主な受賞に「2018年度グッドデザイン賞」「2018年神奈川建築コンクール優秀賞」「2018年度キッズデザイン賞」「2018年度こども環境学会賞デザイン賞」等

小山 賢哉（こやま けんや）／象設計集団
1968年生まれ。1995年名古屋大学大学院工学研究科建築学専攻修了。象設計集団入所。主な担当作品に「多治見市立多治見中学校」「ケアハウス幸房の家」「津山洋学資料館」「ひらお保育園」「喜多見バオバブ保育園」「小梅保育園」「美空野保育園」等。「第2回JIA中国建築大賞2010大賞」受賞（津山洋学資料館）。著書に『11の子どもの家 象の保育園・幼稚園・こども園』（共著）

渡邊 泰男（わたなべ やすお）／Interstudio
1941年生まれ。1966年千葉大学工学部建築学科卒業。槇総合計画事務所、イタリア政府給費留学生としてローマ大学留学、ジャンカルロ・デ・カルロ事務所を経て、1978年ペザロに3人のイタリア人とInterstudioを設立。東京理科大学、千葉大学、東北文化学園大学で教鞭を取る。主な作品に「ペザロスポーツセンター」「ローマの日本国大使公邸」「ウルビノの教会」ほか、幼稚園から大学までの数多くの教育施設がある

佐藤 誠司（さとう せいじ）／バハティ一級建築士事務所
1972年生まれ。1998年関東学院大学大学院博士前期課程建築学修了（湯澤正信研究室）。湯澤建築設計研究所を経て、2003年～バハティ一級建築士事務所パートナー。2015年～CTO。主な作品に「スターチャイルドたまプラーザナーサリー」「ほほえみの森保育園」「レイモンド中原保育園」等。バハティ受賞歴に「2012年度こども環境学会デザイン奨励賞」2012年～「キッズデザイン賞」多数、「建築家のあかりコンペ2018最優秀賞」

庄司 智子（しょうじ さとこ）／バハティ一級建築士事務所
1971年生まれ。関東学院大学建築設備工学科卒業。アーキブレーン、同大学院建築学修了（湯澤正信研究室）。アトリエCOSMOSを経て、1999年バハティ創業。2003年～バハティ一級建築士事務所パートナー。2015年～CEO。2012～16年多摩美術大学プロダクト研究室非常勤講師。主な作品に「スターチャイルド藤ヶ丘ナーサリー」「STWORLD キラリトギンザ」「The Cockatoo Resort & Spa」「湘南健診クリニックココットさくら館」等

石嶋 寿和（いしじま ひさかず）／石嶋設計室
1969年生まれ。1989年小山工業高等専門学校建築学科卒業。1991年千葉大学工学部建築学科卒業。曽根幸一・環境設計研究所を経て、2004年石嶋設計室設立。主な受賞に「2016年度キッズデザイン賞」（グローバルキッズ飯田橋園・飯田橋こども園）「2014年度東北建築賞特別賞」「第32回福島県建築文化賞優秀賞」「2014年度こども環境学会デザイン奨励賞」「2014年度グッドデザイン賞」「2014年度キッズデザイン賞奨励賞」（かなや幼稚園）等

編著者

仲 綾子（なか あやこ）
東洋大学福祉社会デザイン学部人間環境デザイン学科教授。専門はこども環境、建築計画、建築設計。1993年京都大学工学部建築学科卒業、2002年東京工業大学大学院（仙田満研究室）修了。博士（工学）。環境デザイン研究所、厚生労働省を経て現職。こども環境学会理事、日本建築学会子ども教育支援建築会議子ども教育事業部会長。共著書に『こどもとおとなの空間デザイン』（産学社、2018）『楽々建築・楽々都市 "すまい・まち・地球" 自分との関係を見つけるワークショップ』（技報堂出版、2011）

藤田 大輔（ふじた だいすけ）
福井工業大学環境情報学部デザイン学科准教授。専門は子どもの遊び・生活環境のあり方、就学前施設（保育園・幼稚園・認定こども園）の建築設計。1997年東海大学工学部建築学科卒業。1999年同大学院修了。博士（工学）。岐阜工業高等専門学校准教授を経て現職。こども環境学会Webマガジン「こども環境楽」編集長。共著書に『設計に活かす建築計画』（学芸出版社、2010）『こどもの環境づくり事典』（青弓社、2014）『保育施設（建築設計テキスト）』（彰国社、2017）

保育園・幼稚園・こども園の設計手法

2019年 7月10日　第1版第1刷発行
2023年 6月10日　第1版第3刷発行

編著者………仲綾子・藤田大輔

発行者………井口夏実

発行所………株式会社学芸出版社
　　　　　　京都市下京区木津屋橋通西洞院東入
　　　　　　電話 075-343-0811　〒600-8216
　　　　　　http://www.gakugei-pub.jp/
　　　　　　info@gakugei-pub.jp

編集担当……井口夏実・中井希衣子

装　丁………赤井佑輔（paragram）
印　刷………シナノパブリッシングプレス
製　本………シナノパブリッシングプレス

©仲綾子・藤田大輔 2019　　　Printed in Japan
ISBN 978-4-7615-3246-8